ESSENER GEOGRAPHISCHE ARBEITEN

Band 24

Gerhard Henkel (Hrsg.)

Der ländliche Raum in den neuen Bundesländern

Vorträge und Ergebnisse
des 8. Essener Dorfsymposiums
in Wilhelmsthal, Gemeinde Eckardtshausen
in Thüringen (bei Eisenach)
vom 25. bis 26. Mai 1992

Paderborn 1992

Inv.-Nr. A 30404

Geographisches Institut
der Universität Kiel

Geographisches Institut
der Universität Kiel
ausgesonderte Dublette

ESSENER GEOGRAPHISCHE ARBEITEN

Herausgegeben von Gerhard Henkel, Dieter Kelletat, Werner Kreuer,
Wolfgang Trautmann, Jörg-Friedhelm Venzke und Hans-Werner Wehling

Institut für Geographie

Schriftleitung: Jörg-Friedhelm Venzke

Alle Rechte, auch die der auszugsweisen fotomechanischen Wiedergabe und der Übersetzung, vorbehalten.

© 1992 by Ferdinand Schöningh, Paderborn, ISBN 3-506-72324-3

Gesamtherstellung: Druckerei V+V GmbH
                     Rüttenscheider Platz 10, 45 130 Essen 1

Inhaltsverzeichnis

                                                    Seite

Vorwort des Herausgebers   I

GRIMM, F.-D.: Ländlicher Raum und ländliche Siedlungen in der Siedlungs-
und Raumordnungspolitik der ehemaligen DDR   1

WOLLKOPF, H.-F. UND WOLLKOPF, M.: Funktionswandel der Landwirtschftsbetriebe
in der ostdeutschen Wirtschafts- und Siedlungsstruktur   7

FELDMANN, S.: Zu einigen Aspekten der Entwicklung der Sozialstruktur
ostdeutscher Dörfer   21

WENZEL, H.: Die Gestalt der Dörfer und Möglichkeiten der erhaltenden
Dorferneuerung dargestellt an Beispielen aus Thüringen   43

STORK, F.: Kommunale Selbstbestimmung und Verwaltung auf dem Lande   67

HENKEL, G.: Großgemeinden oder Ämter in den Neuen Bundesländern.
Was dient der ländlichen Entwicklung?   81

RESOLUTION VON WILHELMSTHAL 1992: "Der ländliche Raum in den
neuen Bundesländern"   91

Anhang: Übersicht über die bisherigen Dorfsymposien des
Bleiwäscher Kreises (1977-1992)   95

VORWORT

Das 8. interdisziplinäre Dorfsymposium, das bislang jeweils in Bleiwäsche im Kreise Paderborn stattfand, wurde 1992 erstmals in Wilhelmsthal in Thüringen durchgeführt. Dieser Standortwechsel signalisiert zugleich das Programm der Tagung, das sich mit dem ländlichen Raum in den neuen Bundesländern beschäftigte.

Wenn Politiker und Wissenschaftler sich seit 1990 über die besonderen Probleme in den neuen Bundesländern äußern, stehen in der Regel die ohne Zweifel drängenden Aufgaben der Verdichtungsräume im Mittelpunkt. Und wenn vom ländlichen Raum die Rede ist, dann meist als Biotop oder romantischer Idylle (mit wenig überformter, aber vielfach verfallender historischer Bausubstanz), weniger als Lebens- und Wirtschaftsraum der ländlichen Bevölkerung.

Auf diese Defizite will das interdisziplinäre Forum in Wilhelmsthal aufmerksam machen. Es wurde zunächst die Entwicklung des ländlichen Raumes in der DDR analysiert, daraufhin wurden die gegenwärtigen Potentiale und Bedürfnisse des ländlichen Lebensraumes reflektiert und schließlich Perspektiven für die Zukunft angestellt. Nach der Behandlung raumordnungspolitischer Konzepte für den ländlichen Raum standen im Mittelpunkt die Dörfer mit ihren Wirtschafts-, Siedlungs-, Sozial- und Kommunalstrukturen. Während die Referenten zu diesen Themen weitestgehend aus den neuen Bundesländern stammten, wurde durch die "Mischung" der Teilnehmer auch eine "vergleichende" Diskussion über Dorfprobleme in ganz Deutschland möglich.

Schon zu einem Markenzeichen der Essener Dorfsymposien (in Bleiwäche) ist die *Resolution* geworden. Die Resolution, in der die wesentlichen Ergebnisse und vor allem auch Diskussionsschwerpunkte von Referenten und Teilnehmern zusammengefaßt werden, verfolgt nicht zuletzt das Anliegen, aus den kritischen Analysen und Bewertungen politische und wissenschaftliche Empfehlungen abzuleiten. Sie richtet sich mit ihren knappen pointierten Formulierungen bewußt an eine breite Öffentlichkeit. Das Dorfsymposium und die Resolution von Wilhelmsthal wollen dazu beitragen, daß auch dem ländlichen Raum in den neuen Bundesländern eine echte Chance der Entwicklung gegeben wird.

Der interdisziplinäre "Arbeitskreis Dorfentwicklung", der die Dorfsymposien veranstaltet, besteht seit nunmehr 14 Jahren. Er hat sich zu einem anerkannten Forum wissenschaftlicher und gesellschaftlicher Bemühungen um den ländlichen Raum etabliert. Ziel der Dorfsymposien ist es, anstehende Fragen und Probleme des Landes im Diskurs von Wissenschaft und Praxis, von Experten und Dorfbewohnern zu behandeln und möglichst auch Antworten und Anregungen zu entwickeln. Manche Impulse aus Bleiwäsche haben zu Änderungen in der Beurteilung und Behandlung des ländlichen Raumes durch Politik und Wissenschaften beigetragen. So sind z. B. die inzwischen allgemeingültigen politischen Programme der "erhaltenden Dorferneuerung" nicht zuletzt auf die ersten Bleiwäscher "Resolutionen" zurückzuführen, so hat das Thema "Kommunale Gebietsreform und Autonomie im ländlichen

Raum" (1986) ein verstärktes Nachdenken und Nachforschen über die gravierenden Verluste angeregt, die durch die Beseitigung der kommunalen Selbstbestimmung in ca. 16.000 deutschen Dörfern ausgelöst worden sind. Ein kurzer Überblick über die bisherigen inhaltlichen Schwerpunkte der Bleiwäscher Dorfsymposien ist als Anhang beigefügt.

Essen im September 1992
Gerhard Henkel

LÄNDLICHER RAUM UND LÄNDLICHE SIEDLUNGEN IN DER SIEDLUNGS- UND RAUMORDNUNGSPOLITIK DER EHEMALIGEN DDR

von

Frank-Dieter Grimm[1]

1. Die Entwicklung des ländlichen Raumes und der ländlichen Siedlungen wurde bei der in der DDR praktizierten Form des Sowjetsozialismus als Teil des übergeordneten gesellschaftlichen Zieles des Sozialismus aufgefaßt: der Angleichung der Arbeits- und Lebensbedingungen aller Klassen und Schichten der Bevölkerung bei zunehmender Abhängigkeit der Individuen von Partei und Staat. Dabei wurden die Industrieentwicklung, vor allem die Großproduktion der Industrie, und die gesellschaftliche Entwicklung der "Arbeiterklasse" als höherrangig aufgefaßt. Demzufolge strebte man die Annäherung der ländlichen an die städtischen Verhältnisse an.

2. Als entscheidende Mittel der Überwindung der Ungleichheit auf dem Lande sowie zwischen Stadt und Land wurden die Entmachtung der Besitzenden, die weitgehende Überwindung des Privateigentums am Produktionsmittel Boden, die Kollektivierung der Landwirtschaft, die Einführung industrieller Produktionsmethoden in der Landwirtschaft und die Ansiedlung von Industrie in den ländlichen Gebieten angesehen. Die grundlegende Revolutionierung der Besitz- und Produktionsverhältnisse auf dem Lande sollte zu einer Annäherung der ländlichen an die städtischen Lebensformen und zur Festigung der Herrschaft von Partei und Staat führen.

---

[1] Dr. Frank-Dieter Grimm, Institut für Länderkunde, G.-Dimitroff-Platz 1, O-7010 Leipzig

3. Die Verwirklichung dieser gesellschafts- und wirtschaftspolitischen Zielsetzungen hatte tiefgreifende Auswirkungen auf den gesamten ländlichen Raum. Die Siedlungs- und Raumordnungspolitik und die zu ihrer Realisierung geschaffenen Planungsorgane (Stadt- und Dorfplanung, Territorialplanung, Planungen in den einzelnen Fachdisziplinen) hatten die Aufgabe, diese Entwicklung in einer am Partei- und Staatsziel orientierten wirtschaftlich und sozial effektiven Weise zu begleiten und zu lenken.

4. Die für alle Staaten des Sowjetsozialismus gleichermaßen geltende Zielsetzung mußte für die vormalige Sowjetische Besatzungzone Deutschlands und spätere DDR folgende raumstrukturelle Rahmenbedingungen beachten:

- es bestand ein krasses Süd-Nord-Gefälle der Industrialisierung, Urbanisierung, Bevölkerungsdichte sowie generell des erreichten Entwicklungsniveaus (sehr hoch in Sachsen, sehr niedrig in Mecklenburg-Vorpommern)

- die im Kriege kaum beeinträchtigten Dörfer und Kleinstädte der ländlichen Gebiete hatten eine große Zahl von Evakuierten aus den zerstörten Städten und Umsiedlern aus den deutschen Ostgebieten aufnehmen müssen, mit den höchsten Quoten in Mecklenburg-Vorpommern

- durch die Grenzziehung nach 1945 war das DDR-Territorium von seinen natürlichen Flußmündungshäfen Hamburg und Stettin getrennt worden, so daß die Neuschaffung eines Hafens an der verbleibenden Ostseeküste notwendig wurde

5. Zur Grundlegung der beabsichtigten sowjetsozialistischen Entwicklung wurde in der Sowjetischen Besatzungszone als erster Schritt eine Bodenreform durchgeführt, die die Zerschlagung des Großgrundbesitzes (über 100 ha) und die Aufteilung des Landes an landarme Bauern, Tagelöhner und Umsiedler vorsah. Damit verbunden entstanden am Rande vieler Dörfer zahlreiche Neubauernhöfe. Nicht selten wurden sogar eigenständige Neubauernsiedlungen gegründet.

6. Die Landwirtschaftspolitik der Sowjetischen Besatzungszone und späteren DDR folgte dem sowjetischen Vorbild mit der dort bereits in den 20er und 30er Jahren durchgesetzten Schaffung von Kolchosen (Genossenschaften) und Sowchosen (Staatsgütern), wobei die DDR-Bauern hinsichtlich der Produktivität und Effektivität das sowjetische Vorbild bald übertrafen. Als Stützpunkte der landwirtschaftlichen Produktion wurden im ländlichen Raum der DDR die Maschinen-Ausleih-Stationen (MAS), späterhin Maschinen-Traktoren-Stationen (MTS) eingerichtet. Aus ihnen gingen in der Folgezeit oft die Kreisbetriebe für Landtechnik (KfL) hervor, die in ihrem

Charakter Industriebetrieben nahestanden und deren Beschäftigte der "Arbeiterklasse" zugerechnet werden konnten. Hier bildeten sich neue Kristallisationspunkte im ländlichen Raum heraus - teils in Großstädten, teils in zentral gelegenen Dörfern -, auf deren Standortwahl und -gestaltung die neu entstehenden Planungsinstitutionen zunehmend Einfluß gewinnen konnten: zunächst die Büros für Gebiets-, Stadt- und Dorfplanung, später die Büros für Territorialplanung der einzelnen DDR-Bezirke. Letztere waren der jeweiligen Bezirksplanungskommission zugeordnet, ihre Tätigkeit im Gesamtrahmen der DDR wurde seit Beginn der 70er Jahre durch die Forschungsleitstelle für Territorialplanung bei der Staatlichen Plankommission koordiniert.

7. Die regionalen Planungsbüros wirkten auf eine Stabilisierung und Erweiterung des Netzes der ländlichen Zentren hin, um eine angemessene Versorgung der Bevölkerung zu gewährleisten. Sie legten Mitte der 50er Jahre ihr Hauptaugenmerk auf den Ausbau der sozialen Infrastruktur, Ende der 50er Jahre auf die Bestimmung und Förderung sogenannter Hauptdorfbereiche (Zusammenwirken mehrerer Dörfer in der landwirtschaftlichen Produktion). An den vorgesehenen ländlichen Zentren entstanden Landkaufhäuser, Kulturhäuser, Zentralschulen (Polytechnische Oberschulen), Landambulatorien. Hier förderte man den ländlichen Wohnungsbau, wobei durch mehrgeschossige Bauten städtische Lebensformen signalisiert werden sollten.

8. Mit der zwangsweisen Kollektivierung der Landwirtschaft in den 50er Jahren wurde die Epoche der LPG-Bewirtschaftung eingeleitet. Zunächst wurden pro Dorf mehrere kleine LPG gebildet, doch sehr bald folgte das Zusammengehen zu größeren Einheiten. Schließlich waren mehrere Dörfer in einer einzigen Groß-LPG zusammengeschlossen (bzw. getrennt nach Tier- und Pflanzenproduktion). Dabei wurden diejenigen Dörfer aufgewertet, in denen der LPG-Sitz und die großen Stallanlagen lokalisiert waren. Demgegenüber fielen die vielen übrigen Dörfer und insbesondere die Kleinstsiedlungen ohne weiterbestehende Produktionsanlagen zurück.

Aus der Sicht der Siedlungs- und Raumentwicklung lassen sich dabei die folgenden Abschnitte unterscheiden:

- Anfang der 60er Jahre Forcierung der Bestimmung von Zentralorten, dann aber zunächst eine Zurückstellung diesbezüglicher Aktivitäten

- Mitte der 60er und Anfang der 70er Jahre Propagierung der Gemeindeverbände (föderativer Zusammenschluß bei Wahrung der Selbständigkeit der einzelnen Gemeinden); im Verkehrswesen Bildung von Warenladungsknoten; Trennung von Tier- und Pflanzenproduktion in der Landwirtschaft, verstärkt Eingemeindungen

- infolge der Erdölkrise Reduzierung des Transportaufwandes, Tendenz zur Verkleinerung der nunmehr als übergroß empfundenen Betriebseinheiten, Dämpfung von Eingemeindungsambitionen

- in den 80er Jahren nahm die innovative Kraft der sowjetsozialistischen Ideologie sichtlich ab, die Siedlungs- und Siedlungsnetzplanung orientierte sich angesichts der schlechter werdenden wirtschaftlichen Bedingungen auf die sogenannte Intensivierung, d.h. auf eine möglichst intensive Nutzung des Vorhandenen, die Büros für Territorialplanung übernahmen mehr und mehr Aufgaben der regionalplanerischen Absicherung von Einzelvorhaben, zeitweise als "territoriale Sicherungsprogramme" bezeichnet, der zunehmende Verfall der Bausubstanz durfte selbst in internen Materialien kaum angesprochen werden

9. 1952 wurden in der damaligen DDR die 5 Länder aufgelöst. Stattdessen bildete man 14 Bezirke (zuzüglich Ostberlin als eigener Bezirk) und mehr als 200 Kreise, die deutlich kleiner als die früheren Länder und Kreise waren. Dadurch verringerte sich die mittlere Entfernung des einzelnen Dorfes bzw. der kleinen Stadt zu den zuständigen administrativen Zentren. Die Verwaltungsreform von 1952 hatte die Aufwertung einiger bislang unbedeutender Städte wie Neubrandenburg und Suhl als nunmehrige Bezirksstädte und analog zahlreicher kleiner Städte wie Altentreptow oder Lobenstein als neue Kreisstädte zur Folge. Die Bezirks- und Kreisstädte wurden mit einer Palette von Standardeinrichtungen ausgerüstet, um eine möglichst gleichmäßige Versorgung in allen Landesteilen der ehemaligen DDR zu erreichen, z.B. erhielt jede Kreisstadt ein Kreiskrankenhaus, ein Kreiskulturhaus, eine Erweiterte Oberschule usw.

10. Zur Stärkung der "Arbeiterklasse" und damit im marxistisch-leninistischen Sinne zur Annäherung des Landes an die Stadt wurde mit erheblichem Aufwand Industrie in den vormals ländlichen Gebieten angesiedelt. Besonders aufwendige und spcktakuläre Aktionen waren:

- der Ausbau des Hafens Rostock zum DDR-Überseehafen sowie die erhebliche Ausweitung der Werftindustrie an der Ostseeküste

- die Entwicklung des Bezirkes Cottbus zum Braunkohle-Energie-Bezirk mit den Standorten Cottbus, Senftenberg, Hoyerswerda und Schwarze Pumpe

- die Schaffung neuer Großstandorte der Industrie in Eisenhüttenstadt (Stahl), Schwedt (Chemie), Schwerin (Chemieausrüstungen), Greifswald (KKW)

- das Eichsfeldprogramm mit Errichtung eines Textilkombinates in Leinefelde (Westthüringen, Bezirk Erfurt) als Beispiel kleinerer regionaler Industrialisierungsprogramme

Außerdem erfolgte eine Annäherung des Dorfes an die Stadt durch die weitreichenden Arbeitspendlerbeziehungen, in vielen Fällen mittels werkseigener Omnibuslinien. Besonders umfangreich und weitgreifend war der Arbeitspendlereinzugsbereich Rostocks mit seinen großen Werftstandorten. Dadurch überwog selbst in Mecklenburg-Vorpommern in der Beschäftigtenstruktur vieler Dörfer der Anteil der nichtlandwirtschaftlich tätigen Bevölkerung.

11. Besondere Förderung erfuhren die vormals kleinsten Bezirksstädte, die durch Industrieansiedlung, Infrastrukturinvestitionen und umfangreichen Wohnungsbau dem Niveau von Oberzentren nahekommen sollten, z.B. Neubrandenburg, Frankfurt/Oder, Suhl. Die Akzeptanz dieser Zentren wurde mit allen zur Verfügung stehenden Mitteln beeinflußt, z.B. mit der Neuorganisation und ausschließlichen Ausrichtung des öffentlichen Kraftverkehrsnetzes des Bezirkes Suhl auf die Bezirksstadt (und demzufolge erschwerte Erreichbarkeit von Eisennach, Erfurt, Weimar, Jena). Analoges geschah für die Kreise und Kreisstädte. Vor allem in den ländlichen Gebieten gewann das gut ausgebaute Omnibusnetz entscheidende Bedeutung für die Verbesserung der Lebensbedingungen in den Dörfern, insbesondere für die sozial schwächeren Schichten ohne Kraftfahrzeugbesitz.

12. Die konzentrierte Förderung bestimmter Stadt- und Dorftypen (Bezirksstädte, Kreisstädte, zentrale Dörfer) hatte unweigerlich eine Vernachlässigung der anderen Siedlungen zur Folge. Sie führte dort zu Abwanderung, Überalterung der Bevölkerung, schlechterem Bauzustand.

Besonders nachteilige Entwicklungen verzeichneten die kreisangehörigen Kleinstädte (d.h. die Mehrzahl aller Städte = Gemeinden mit Stadtrecht in der ehemaligen DDR) und die entlegenen Kleinstsiedlungen ohne Produktionsfunktion. Auf die bedrohliche Situation der Kleinstädte wurde in mehreren Studien durch das Institut für Geographie und Geoökologie der Akademie der Wissenschaften der DDR (Leipzig) und den Arbeitskreis Siedlungs- und Bevölkerungsgeographie aufmerksam gemacht. Doch es fehlte die ökonomische Kraft, dem Verfall entgegenzuwirken.

Das künftige Schicksal der entlegenen Kleinstsiedlungen war eines der meistdiskutierten Probleme interner Diskussionen der Staatlichen Plankommission zur Siedlungspolitik. Sie waren als sogenannte Siedlungskategorie 7 eingestuft worden und sollten mittelfristig "in Übereinstimmung mit den Wünschen der dort wohnenden Bevölkerung" aufgegeben werden. Obwohl uns keine zusammenfassende Übersicht vorliegt, kann man annehmen, daß in der DDR-Zeit mehrere 100 solcher Kleinstsiedlungen wüst geworden sind, vor allem in Streusiedlungsgebieten Mecklenburg-Vorpommerns und Brandenburgs.

Im Ergebnis der 40jährigen Siedlungs- und Raumordnungspolitik der DDR ist es unzweifelhaft gelungen, das vorher bestehende Süd-Nord-Gefälle zu mildern, abzubauen, teilweise sogar in ein gegenteiliges Gefälle umzuwandeln. In den 80er Jahren traten dann die schroffsten sozialen Unterschiede nicht mehr zwischen Süd und Nord auf, sondern zwischen den bevorzugten und den benachteiligten Siedlungen bzw. Siedlungstypen und zunehmend zwischen den Stadtteilen innerhalb der großen Städte. Während in vielen Dörfern in Eigenleistung ein ansprechender Bauzustand erreicht werden konnte, war bei der "sozialistischen" Wohn- und Mietpolitik der Verfall ganzer Stadtviertel nicht mehr aufzuhalten.

Der Abbau der sozialen Unterschiede zwischen Süd und Nord in der ehemaligen DDR erfolgte außerdem offensichtlich zu sehr zu Lasten der Effektivität der Produktion und war mit einer sträflichen Vernachlässigung der traditionellen Industriegebiete (Sachsen, Sachsen-Anhalt) verbunden. So sind selbst die durchaus anerkennenswerten Erfolge bei der Annäherung der Lebensbedingungen des Dorfes und der Stadt belastet durch die Tatsache, daß dabei zu viele uneffektive Strukturen entstanden sind. Letztlich ist auch die Stadt-Land-Politik der ehemaligen DDR als eine, wenn auch nicht die entscheidende Ursache des Scheiterns des sowjetsozialistischen Experiments auf deutschem Boden zu werten.

Anm.: Der Autor dankt Herrn Dr. Günter Taege, Leipzig, für zahlrciche Informationen und Hinweise zur Geschichte der Siedlungs- und Raumordnungspolitik der ehemaligen DDR.

Funktionswandel der Landwirtschaftsbetriebe in der ostdeutschen Wirtschafts- und Siedlungsstruktur

von

Hans-Friedrich Wollkopf und Meike Wollkopf[1]

Zusammenfassung

In den ländlichen Räumen der ostdeutschen Bundesländer vollzieht sich gegenwärtig ein Transformationsprozeß, in dessen Mittelpunkt die Reduzierung der traditionellen Agrarfunktionen steht. Bemerkenswert ist das Tempo dieses Prozesses. Gab es im Jahre 1989 noch 923 000 Beschäftigte in der ostdeutschen Landwirtschaft, so waren es im Jahre 1992 nur noch 194 000; in wenigen Jahren werden es voraussichtlich 100 000 oder weniger sein. Die gegenwärtig rd. 20 400 ostdeutschen Landwirtschaftsbetriebe sind teils bäuerliche Wieder- und Neueinrichter, teils Gemeinschaftsunternehmen bürgerlichen Rechts mit einer durchschnittlichen Betriebsgröße von insgesamt 275 ha Landwirtschaftliche Nutzfläche. Zur Zeit entfallen auf eine Landgemeinde rd. 3 Landwirtschaftsbetriebe im Voll- und Nebenerwerb, im Jahre 1949 waren es rd. 90 gewesen. Mit dem Übergang zur Marktwirtschaft haben die ostdeutschen Agrarbetriebe einen grundlegenden Wandel ihrer ökonomischen, technologisch-organisatorischen, sozialen Funktionen sowie ihrer Funktionen der Ressourcennutzung und Umweltbeeinflussung vollzogen. Besonders im sozialen Bereich ergaben sich Funktionsverluste, die auf kommunaler Ebene noch nicht kompensiert werden konnten und die in Verbindung mit raschem Arbeitsplatz- und Infrastrukturabbau vor allem in den kleinen Landgemeinden gegenwärtig zu hohen Abwanderungszifffern, rascher Überalterung und Reduzierung der ortsansässigen Bevölkerung führen.

---

[1] Dr. Hans-Friedrich Wollkopf und Meike Wollkopf,
Martin-Luther-Universität Halle-Wittenberg,
Agrargeographie und Raumordnung, Adam-Kuckhoff-Straße 15,
O-4010 Halle (Saale)

Summary

In the rural areas of the eastern Germany a transformation process is taking place, focussing on the reduction of the traditional agrarian functions. The tempo of the process is remarkable. In 1989 there were 923.000 employed persons in the east german agriculture, in 1992 only 194.000. Within a few years it will probably be 100.000 or less. The actual 20.400 east german agricultural units are partly re - established and new established, partly joint ownerships with an average of 275 ha agricultural acreage. At present in one rural community there are 3 agricultural units, managed full-time or as a part-time occupation, in 1949 it were about 90. With the transition to free enterprise the east german agricultural units had to accomplish a fundamental change in their economical and social functions, their technical organisation, in their use of ressources and their influence on the environment. Particularly in social matters arose losses of function which could not yet be compensated on the communal level. In connexion with a fast decrease of jobs and infrastructure these losses lead to high migration rates, a rapid superannuation and reduction of the local inhabitants, specially in small rural communities.

In den ostdeutschen Bundesländern setzt sich der gesellschaftliche Umbruch in hohem Tempo weiter fort, in dessen Zentrum die Ablösung nicht wettbewerbsfähiger Wirtschaftsstrukturen und der Aufbau einer sich marktwirtschaftlich regulierenden und selbsttragenden ökonomischen Basis stehen. Während der bisherigen Etappen des deutschen Vereinigungsprozesses wurden der Rahmen und die allgemeine Perspektive des ostdeutschen Transformationsprozesses abgesteckt - insbesondere mit der Verwirklichung der Währungs- und Marktunion Mitte 1990, der schrittweisen Herstellung der Rechts- und Verwaltungseinheit und nicht zuletzt mit den umfangreichen Aktivitäten der Treuhandanstalt unter der Zielsetzung "Schnelle Privatisierung, entschlossene Sanierung, behutsame Stillegung".

Als besonders kompliziert erweist sich gegenwärtig die Entwicklung der produzierenden Bereiche der ostdeutschen Wirtschaft. Industrie, Bergbau und Landwirtschaft sind in besonderem Maße von Stillegungen und Arbeitsplatzabbau betroffen.

Um der Gefahr einer großräumigen Deindustrialisierung zu begegnen, wird derzeit - allerdings kontrovers - die Möglichkeit diskutiert, bestimmte industrielle Kerne für die ostdeutsche Wirtschaftsstruktur zu erhalten, zu stabilisieren und damit vor allem in einigen städtischen Zentren und Verdichtungsgebieten entsprechende Auffangmechanismen wirksam werden zu lassen.

Was aber geschieht in und mit den ostdeutschen ländlichen Räumen, insbesondere mit den traditionell agrarisch geprägten Gebieten? Welche Rolle kann die Landwirtschaft überhaupt noch als regionaler Wirtschaftsfaktor und als Fixpunkt in dörflichen Entwicklungskonzepten spielen?

Heute ist es gewiß noch zu früh, eine umfassende Bilanz zu ziehen und fundierte Prognosen zur langfristigen Perspektive der ostdeutschen ländlichen Räume abzuleiten. Deshalb sind auch die folgenden Ausführungen lediglich ein Versuch, einige Aspekte des gegenwärtigen ländlichen Strukturwandels in den fünf neuen Bundesländern aus der Sicht der agraren Komponenten zu skizzieren.

1. Zur Raumwirksamkeit agrarer Betriebsfunktionen

Ostdeutschland gehört der größten zusammenhängenden Ackerbauregion der Erde an; unter diesen Bedingungen hat sich die Landwirtschaft zum anteilig größten Flächennutzer, zu einem erstrangigen Faktor der Raumerschließung und zur Grundlage für bestimmte natur- und freiraumverbundene Lebensweisen entwickelt. Das Bild unserer Kulturlandschaft einschließlich des Siedlungsbildes und der Gestalt des ländlichen Siedlungsnetzes spiegelt jahrhundertelange landwirtschaftliche Aktivität wider, Träger dieser Aktivität sind die landwirtschaftlichen Betriebe bzw. die sich unter ständigem ökonomischen Anpassungsdruck verändernden, teils auch agrarpolitisch beeinflußten Betriebsstrukturen.

Wie allen Betrieben als den volkswirtschaftlichen Grundbausteinen sind auch den Agrarbetrieben zumindest vier Basisfunktionen zuzuordnen,

- die ökonomische Funktion (auf Gewinn und eine sichere Marktstellung orientiert),
- die technologisch - organisatorische Funktion,
- die Funktion der Ressourcennutzung und Umweltbeeinflussung,
- die soziale Funktion

Die Raumwirksamkeit der ökonomischen Funktion besteht im Beitrag zur regionalen Wirtschaftskraft, in lokalen Investitions- und Innovationsimpulsen, aber auch in der engen Verkettung der landwirtschaftlichen Primärproduktion mit betriebsbedienender Infrastruktur, mit Veredlungs-, Vermarktungs- und Vertriebseinrichtungen, die in der Kostenstruktur fast aller modernen agraren Endprodukte inzwischen absolut bestimmend sind. Die technologisch-organisatorischen Funktionen differenzieren die standörtliche Feingestaltung der Agrarbetriebe, beeinflussen die Schlaggröße, die Flurgestaltung, die Ausräumung oder Kammerung der Agrarlandschaft, die Zentralisation der Produktionsrichtungen oder das Betreiben von Stützpunkten, Betriebsteilen, Vorwerken etc. Bei der Nutzung der Flächen- und Naturressourcen erweisen sich die Landwirtschaftsbetriebe als erstrangiger Umweltfaktor, sowohl im Hinblick auf Umweltbelastungen (Boden- und Wasserkontamination, Bodenverdichtung, Gülleproblem, Geruchs- und Lärmbelästigungen u. ä.) als auch in ihrer Verantwortung für großflächige Umweltsicherung und -sanierung. Die räumlich-soziale Funktion der Agrarbetriebe wird etwa bei der Einkommenssicherung auf dem Lande und dem örtlichen Angebot an Voll-, Teil- oder Saisonarbeitsplätzen sichtbar; sie ist durch die besonders enge Bindung an die Familienarbeit, an eine entsprechende Arbeits- und Lebensweise, durch die starke standörtliche und bodenbesitzrechtliche Fixierung und mangelnde ökonomische Alternativen vor Ort stärker ausgeprägt als in den meisten nichtagrarischen Wirtschaftsbereichen. Vielfach wurden und werden dem Agrarbetrieb im agrarpolitischen Konzept auch gezielt soziale Funktionen zugeordnet, um die Lebensverhältnisse auf dem Lande zu stabilisieren, attraktiv zu gestalten und damit beispielsweise dem Bevölkerungsabbau in den permanenten Migrationsquellgebieten entgegenzuwirken.

Aus dieser Sicht ist ableitbar, daß sich weitreichende Konsequenzen im ländlichen Raum ergeben müssen, wenn agrare Betriebsstrukturen kurzzeitig verändert, abgebaut oder in ihrer Funktionalität grundlegend umorientiert werden. Selbst im Weltmaßstab dürften sich kaum vergleichbare Beispiele dafür finden lassen, wie sich innerhalb von 50 Jahren - also etwa dem Arbeitsleben einer Generation - die agrarstrukturellen Grundlagen einschließlich des Eigentumsrechts so häufig und zugleich so einschneidend verändert haben wie in der jüngeren Vergangenheit Ostdeutschlands.

2. Die Entwicklung agrarer Betriebsstrukturen in Ostdeutschland seit 1939

Die beigegebene Tabelle läßt zunächst einige im internationalen und historischen Vergleich völlig normale Tendenzen für den Zeitraum seit 1939 erkennen:
- anhaltender absoluter und relativer Rückgang der in Landgemeinden (unter 2000 Einw.) lebenden Bevölkerung;
- starker Abbau der landwirtschaftlichen Erwerbstätigkeit;
- annähernde Halbierung der Anzahl der Landgemeinden im Sinne höherer kommunaler Verwaltungseffektivität.

Besonderheiten zeigt hingegen die quantitative Entwicklung der Landwirtschaftsbetriebe, die zwischen rd. 800 000 (1950; rd. 210 000 mehr als 1939!) und rd. 1400 pflanzenbauenden Betrieben (80er Jahre) differiert. Im Zeitablauf ist die unmittelbare Nachkriegsperiode extrem herausgehoben, in der die Landgemeinden die höchsten Einwohnerzahlen ihrer Geschichte, zugleich den größten Bestand an landwirtschaftlichen Berufstätigen sowie an Agrarbetrieben, also ihren maximalen Ausbauzustand aufwiesen. Auffällig erscheint weiter die Situation in den 80er Jahren mit ihrer relativen demographischen Stabilisierung auf dem Lande bei sogar leichter Zunahme der land- und forstwirtschaftlichen Berufstätigen. Unübersehbar ist schließlich der landwirtschaftliche Kollaps seit 1989, der sich bisher in einer Verringerung der agraren Arbeitskräfteanzahl auf weniger als 1/4 in nur drei Jahren äußerte.

Die besondere Situation im Zeitraum 1946 bis etwa 1950 resultiert aus zwei Hauptursachen. Zum einen nahmen die ländlichen Räume - wie in Westdeutschland - in großem Umfang Flüchtlinge, Ausgebombte, Rückkehrer aus der Kriegsgefangenschaft u.ä. auf. Da es zugleich um die Sicherung der Ernährung der stark angewachsenen Gesamtbevölkerung ging, fanden viele in der durch das damalige staatliche System der Zwangsablieferung zu Maximalleistungen angetriebenen Landwirtschaft Arbeit. Zum anderen wirkte sich die zwischen 1945 und 1953 durchgeführte Bodenreform, in deren Verlauf rd. 210 000 Neubauernwirtschaften mit einer Durchschnittsgröße von 8,1 Hektar eingerichtet wurden, einschneidend aus und führte zu einem erheblichen Zuzug aufs Land. Hier entwickelten sich die landwirtschaftlichen Betriebsstrukturen in Ost - und Westdeutschland erstmals deutlich auseinander. Die Bodenreform beseitigte sämtlichen privaten landwirtschaftlichen Grundbesitz über 100 ha LN und stellte zunächst eine klein - und mittelbäuerliche Struktur her, die durch die 1952 be-

Tab. 1:

Ausgewählte Kennziffern zur Entwicklung des ostdeutschen ländlichen Raumes seit 1939

Jahr	Bevölkerung in Landgemeinden (< 2000 EW)			Berufstätige in der Land- und Forstwirtschaft		Anzahl der Betriebe mit landwirtschaftlicher Nutzfläche u. üb. 0,5 ha Wirtschaftsfläche	
	Anzahl der Landgemeinden	Einwohner (in 1000)	Anteil an der Gesamtbevölkerung	(in 1000)	Index 1949 = 100	Betriebe insgesamt	Betriebe je Landgemeinde
1939	11 053	4 653,4	27,8 %			588 609	53,3
1946	10 984	5 940,0	32,4 %				
1949				2 242	100	813 293	ca. 90
1950	8 491	5 347,7	29,1 %	2 005	89		
1960	8 204	4 820,8	28,0 %	1 304	58	20 280	2,5
1970	7 773	4 476,0	26,2 %	997	44	9 866	1,3
1980	6 512	3 967,6	23,7 %	878	39	1 413	0,2
1989	6 597	3 852,9	23,4 %	923	41	1 441	0,2
1992				194	9	ca. 20 400	ca. 3
Langfristig				100	4		

Quellen: Statist. Jb. d. DDR 1957 u. 1990; Stat. Jb. 1992 f. d. Bundesrep. Deutschland; Ausgew. Zahlen d. Landw. (hrsgg. v. Statist. Bundesamt. Zweigst. Berlin), Berlin 1993

ginnenden LPG - Gründungen wieder abgelöst und bis 1960 völlig liquidiert wurde.

Die Periode zwischen 1960 und 1989 stand dann völlig im Zeichen der landwirtschaftlichen Großbetriebe (LPG, VEG), die sich vor allem in den 70er Jahren aus ihrer Dorf- bzw. Gemeindebezogenheit herausentwickelten und zu industriemäßig organisierten Massenproduzenten entweder der Pflanzenproduktion oder der Tierproduktion wurden. Einige der Pflanzenbaubetriebe erreichten Größen von mehr als 10 000 ha LN.

Die relative Stabilisierung der agraren und demographischen Verhältnisse im ostdeutschen ländlichen Raum während der 80er Jahre resultierte hauptsächlich aus agrarpolitischen Vorgaben, die auf eine Stabilisierung des damals als kritisch beurteilten Arbeitskräftebestandes in der Landwirtschaft durch planmäßige Lehrlingszuführung, durch Stimulierung des Eigenheimbaues, Förderungsmaßnahmen für Stammbelegschaften, soziale Infrastruktur usw. abzielten und sich großräumig auswirkten.

Die jüngste Entwicklung seit 1989 ist durch eine neue auf Privatisierung beruhende Boden- und Eigentumsordnung und durch das Entstehen entsprechender Unternehmensformen gekennzeichnet. Mit dem 31.12.1991 entfielen die rechtlichen Voraussetzungen für das frühere Volkseigentum an Grund und Boden und damit auch die juristische Basis für das Weiterbestehen beispielsweise der Landwirtschaftlichen (LPG), Gärtnerischen (GPG) und anderen Produktionsgenossenschaften. Dieser Prozeß der Wiederherstellung des bürgerlichen Eigentumsrechts bzw. der Bodenprivatisierung führte bisher zu folgenden Hauptergebnissen:

— Entstehen von rd. 12 600 bäuerlichen Familienbetrieben (Wieder- und Neueinrichter), davon rd. 5 600 im Haupterwerb; die weit überwiegende Mehrzahl der Landwirtschaftsbetriebe (rd. 3/4) ordnete sich jetzt der Größengruppe "unter 50 ha LN" zu
— Umwandlung vieler ehemaliger LPG, GPG etc. in Personengesellschaften (z. B. Gesellschaften bürgerlichen Rechts (GbR), Kapitalgesellschaften (z.B. Gesellschaften mit beschränkter Haftung/GmbH), eingetragene Genossenschaften (e.G.) u.ä.; hieraus ergab sich, daß sich z. Z. mehr als 70 % der LN Ostdeutschlands in Landwirtschaftsbetrieben der Größengruppen "über 1000 ha LN" befinden.

Im Jahre 1992 erreichte die durchschnittliche Betriebsgröße der ostdeutschen Landwirtschaftsbetriebe 275 ha landwirtschaftlich genutzte Fläche, die der westdeutschen Betriebe im Vergleich 20 ha (Betriebe mit 1 ha und mehr LN). Es kann daraus abgeleitet werden, daß sich die Betriebsgrößenstrukturen der ostdeutschen Landwirtschaft im wesentlichen wieder in den Flächenrahmen der Landgemeinden bzw. sogar der Dorffeldmarken einpassen. Mittels Bodenpacht und -kauf entwickeln sich allerdings zunehmend gemeinde- sowie gebietsübergreifende betriebswirtschaftliche Verflechtungen.

Die eben skizzierte landwirtschaftliche Unternehmensstruktur ist indessen noch keineswegs stabil. Viel wird von der Entwicklung der Wirtschaftskraft der vorhandenen Agrarbetriebe abhängen. Andererseits verwaltet die von der Bundesregierung damit beauftragte Treuhandanstalt z. Z. noch rd. 1,9 Mill. ha Landwirtschaftsfläche, d.h. fast 40 % der gesamten ostdeutschen Nutzfläche. Erst mit deren Freigabe wird sich die Bodenprivatisierung ihrem Abschluß nähern.

Unter funktionalem Aspekt ist die bereits angesprochene Dorfbezogenheit der Landwirtschaftsbetriebe in ihren historischen Veränderungen von Bedeutung. Tab. 1 zeigt, daß die durchschnittliche ostdeutsche Landgemeinde ursprünglich, d.h. während der bäuerlich geprägten Landwirtschaft der Vorkriegszeit, einen Bestand von rd. 50 Agrarbetrieben aufwies. Diese Betriebe bestimmten damit maßgeblich die Bausubstanz und ihre Nutzung sowie das Ortsbild und seine innere Differenzierung. Die mögliche Anzahl und Größe dieser Betriebe war ein wesentlicher begrenzender Faktor für den Ortsausbau. Mit dem Abschluß der Bodenreform hatte sich die Anzahl der Landwirtschaftsbetriebe in der ostdeutschen Durchschnittsgemeinde nochmals erheblich vergrößert (rd. 90 im Jahre 1950); die Dörfer standen damals auf dem Höhepunkt ihrer baulichen und Bevölkerungsentwicklung. Die Bildung der LPG paßte sich diesen Gegebenheiten zunächst weitgehend an (LPG Typ I und III in den 50er und 60er Jahren, vorrangige Nutzung vorhandener landwirtschaftlicher Zweckbauten; individuelle Hauswirtschaften). Der Rahmen der dorfbezogenen Landwirtschaft wurde dann schrittweise verlassen durch

— die fortschreitende Konzentration der Produktion in Großflächenbetrieben und Großtieranlagen,

— durch die insbesondere seit den 70er Jahren praktizierte strikte Arbeitsteilung zwischen Tier- und Pflanzenproduktionsbetrieben,

— durch die zunehmende Einbindung der Landwirtschaftsbetriebe in horizontale Verflechtungen (kooperative Zusammenschlüsse) und vertikale Organisationsstrukturen (zusammen mit landwirtschaftlichen Vor- und Dienstleistungsbereichen, mit Vermarktungs-, Verarbeitungs-, Veredlungs- und Handelsbetrieben).

Diese Entwicklung erreichte in den 80er Jahren ihren Höhepunkt. Einerseits entstanden große Wirtschaftshöfe, oft am Ortsrand, ferner standardisierte Milchvieh- oder Jungrinder-Aufzuchtanlagen ab 2000 Plätze, Schweinemastanlagen ab 6000 Plätze, Gewächshauswirtschaften ab 10 000 m² Fläche unter Glas.

Dörfer bzw. Landgemeinden, die Betriebssitz und damit Sitz der Verwaltung und der wissenschaftlich-technischen Basis mit ihrem hochqualifizierten Personal oder Standort der erwähnten Großanlagen und Serviceeinrichtungen waren, erfuhren eine erhebliche, durchaus nach spezifischen Zentralortskriterien meßbare Aufwertung und baulich-infrastrukturelle Weiterentwicklung. Sitz etwa eines Pflanzenbaubetriebes konnte aber nur jede fünfte Landgemeinde sein (Tab. 1). Andererseits wurde die Masse der Landgemeinden zu Standorten agrarer Teilproduktionen oder zu Stützpunkten von Territorialbrigaden abgewertet; die aus bäuerlicher Zeit stammende Bausubstanz konnte zumeist nicht mehr genutzt werden und verfiel in großem Umfang.

Die bereits angesprochene Rückkehr zur dorfbezogenen und teilweise zur privatbäuerlichen Landwirtschaft, wie sie seit 1990 zu beobachten ist, führte zu einer erneuten wirtschaftlichen Umbewertung der agraren Produktionsbasis. Die meisten der Großanlagen erwiesen sich als umweltbedenklich und nicht marktgerecht, eine Revitalisierung der noch vorhandenen bäuerlichen Zweckbausubstanz kam nur noch in wenigen Einzelfällen in Frage. Insgesamt hat die Landwirtschaft ihre Bedeutung als Wirtschaftsfaktor und Einkommensgrundlage fast flächendeckend verloren. Je 100 ha LN wurden im Jahre 1992 noch 3,4 Vollarbeitskräfteeinheiten beschäftigt. Künftig werden es nur 1 bis 2 sein. Ein Dorf mit einer Feldmark von 1000 ha wird dann also nur noch im Mittel 10 bis höchstens 20 Voll-, Teilzeit-, Saison- und Nebenerwerbsbeschäftigten eine Einkommensgrundlage bieten.

3. Einzelaspekte des Funktionswandels der Landwirtschaftsbetriebe

Der gegenwärtige Umbruch in den ostdeutschen ländlichen Räumen ist nicht allein eine Frage der Rückläufigkeit der Landwirtschaft oder der Anzahl und Größe der bestehenden Agrarbetriebe. Hinzu kommt ein tiefgreifender Funktionswandel der Betriebe selbst. Unter den Bedingungen der früheren DDR waren die Landwirtschaftsbetriebe zu ökonomischen und politischen Machtzentren auf dem Lande geworden. Ihr Ausbau erfolgte multifunktional, komplex und nicht zuletzt auch auf die Gesamtgestaltung der Lebens- und Arbeitsbedingungen in den Dörfern ausgelegt. Der Übergang zur Marktwirtschaft seit 1990 deckte vor allem die mit dieser Multifunktionalität verbundenen zusätzlichen Kostenbelastungen auf und erzwang eine radikale Veränderung des betrieblichen Aufgabenprofils, die im wesentlichen in der Konzentration auf die produktiven und Absatzfunktionen mit dem strategischen Hauptziel der Gewinnerwirtschaftung besteht. Betrachten wir den Wandel der eingangs genannten vier Basisfunktionen der ostdeutschen Landwirtschaftsbetriebe.

Ökonomische Funktionen. Unter den Bedingungen der DDR-Großbetriebe wurde die Landwirtschaft extrem räumlich-arbeitsteilig organisiert. Gleichzeitig entstand ein mehrstufiger koordinierender, bilanzierender und kontrollierender Überbau, beginnend unmittelbar bei der Betriebsleitung und sich fortsetzend z. B. in Kooperationsverbänden und anderen kooperativen Einrichtungen, in Agrar-Industrie-Vereinigungen, den Ebenen der staatlichen Wirtschaftszweigleitung (Kreis, Bezirk, Ministerium) und der Hierarchie der SED-Parteigliederungen. Die vorrangige Orientierung auf Höchsterträge und fortlaufende Leistungssteigerungen führte dazu, der Sicherung und Stabilisierung der agraren Produktionsabläufe besonderes Gewicht einzuräumen und bereits die betriebliche Führungsebene mit einer entsprechend komplexen Leitungs- und Planungsbefugnis auszustatten. Die landwirtschaftlichen Großbetriebe der früheren DDR hatten — ähnlich wie in der Industrie — Kombinatscharakter. Sie schlossen u. a. folgende Bereiche ein: Zentren für Wissenschaft und Technik, eigene Bau-, Reparatur- und Instandhaltungsabteilungen und Sozialeinrichtungen, zuletzt zunehmend Vermarktungs-, Verarbeitungs- und Absatzsysteme (Direktbezug). Zu den Aufgaben der Betriebe gehörten die rationelle Organisation der Personenbeförderung ebenso wie die Planung und Durchführung von Qualifizierungsmaßnahmen, der Bau und die Unterhaltung von Kinderbetreuungseinrichtungen, Transportdienstleistungen, Trägerschaften im kulturell-sportlichen Sektor usw. usw. Mit der Auflösung der LPG- und VEG-Strukturen nach 1990 war ein umfassender Entflechtungsprozeß verbunden, ein Trend zur Verselbständigung, Privatisierung wie auch häufig zur Schließung. Vorhandene vertikale Organisationsstrukturen funktionsfähig zu halten bzw. marktwirtschaftlich effizient auszugestalten gelang in der Regel nicht.

Der Entflechtungsprozeß lokaler agrarer Produktionskomplexe, der zur Singularisierung der Primärproduzenten, zur erheblichen Ausdünnung des Netzes der landwirtschaftsbezogenen Servicestandorte und zur Ausgliederung von Verantwortlichkeiten für die örtliche technische und soziale Infrastruktur aus den Landwirtschaftsbetrieben führte, ist gegenwärtig praktisch abgeschlossen. Neu bei den sich derzeit entwickelnden regionalen Service-, Absatz-, Vermarktungs- und auch bei den sehr reduzierten Verarbeitungsstrukturen sind das Entstehen konkurrierender Netze sowie eine bedeutende "Fremdsteuerung" von Zentren bzw. marktbestimmenden Betrieben aus, die in den alten Bundesländern gelegen sind.

Technologisch-organisatorische Funktionen. Die Dimensionen der ostdeutschen Agrarproduktion haben sich grundlegend verändert. Die auf einen Selbstversorgungsgrad von über 90 % und damit im wesentlichen auf Autarkie ausgelegte Landwirtschaft der früheren DDR produzierte mit Großtechnik, die teilweise sogar noch durch überbetriebliche Umsetzungen ausgelastet werden mußte. Waren noch in den 60er Jahren Erntearbeiten bei Getreide und Hackfrüchten auf etwa 20 - 30 Prozent der Anbaufläche mit Großmaschinen durchgeführt worden, waren es schon Mitte der 70er Jahre 100 Prozent. Solche Großaggregate erforderten, sollten sie kostensparend eingesetzt werden, auch entsprechend zusammenhängende Laufzeiten und Schlaggrößen. Die seit 1968 verwendeten Varianten des Mähdreschers E 512 waren auf eine durchschnittliche Arbeitsgeschwindigkeit von 3 - 5 km/Arbeitsstunde (entsprach etwa 1,5 ha/Arbeitsstunde) ausgelegt. Die für die damalige Zeit typische Konsequenz bestand in der Organisation sogenannter Erntekomplexe. Von Süden nach Norden vorrückende unter einheitlicher Leitung agierende Maschinensysteme arbeiteten zweischichtig nach und nach die entsprechenden Anbauflächen ganzer Kreise und Bezirke ab. Selbst beim Feldgemüsebau wurden Mitte der 70er Jahre technologisch optimale Anbaugrößen je Spezialbetrieb empfohlen, die folgenden Umfang hatten: Gemüseerbsen 420 ha, Zwiebeln 400 ha, Salatgurken 35 ha, Spargel 25 ha (BIELKA et al. 1986, S. 76). Weiterhin gab es umfangreiche staatliche Aktivitäten zur Arbeitskräfte- und Erntehelferlenkung während der Saisonspitzen (z.B. Obsternte, Kampagnen der Konservenindustrie, Holzbergung in Schneebruchgebieten).

Mit der Marktanpassung und Singularisierung der agraren Primärerzeuger nach 1990 wurde eine große Angebotspalette flexibler technologischer Lösungen nutzbar, die ganz auf die individuellen Bedürfnisse des betreffenden Unternehmens eingestellt werden kann. Dies führte zu einer einschneidenden Entwertung bisheriger standardisierter Massenproduktionstechnik, oft zu deren

Verschrottung, schließlich zu einer allmählichen technischen Modernisierung, die allerdings sehr häufig durch Kapitalmangel gebremst wird. Es gibt durchaus Wiedereinrichter, die sich einen Traktor nicht leisten können und deshalb bei ihren Feldarbeiten zunächst auf die Zugkraft von Pferden zurückgreifen.

Der technologisch-organisatorische Funktionswandel in den ostdeutschen Agrarbetrieben zeigt viele Seiten, z.B. die zunehmende Aufteilung der Großschläge (früher z.T. 300 und 350 ha), Flächenstillegungen und Flächenverkäufe oder -verpachtungen an nichtlandwirtschaftliche Nutzer, die Umwidmung jetzt überdimensionierter Lager- und Stallkomplexe, die Schwerpunktverlagerung von der einst produktionsbezogenen "Wissenschaftlichen Arbeitsorganisation (WAO)" zur Marktbearbeitung. Leider führt dieser Funktionswandel auch zu nachteiligen Konsequenzen, wie z.B. bei den mit großem Aufwand installierten und unter den kontinentaleren ostdeutschen Bedingungen zur Ertragsstabilisierung unbedingt notwendigen Feldberegnungs- bzw. Bewässerungssystemen, die gegenwärtig vielfach dem Verfall preisgegeben werden.

Funktionen der Ressourcennutzung und Umweltbeeinflussung. Konzentration, Spezialisierung und Intensivierung bestimmten die DDR-Landwirtschaft und ihre Betriebe. Rund 60 % der Gesamtfläche Ostdeutschlands wurden damals landwirtschaftlich genutzt (z.Z. sind es nur noch etwa 47 %) und einer industrialisierten Bewirtschaftung ausgesetzt. Angestrebt wurde die Durchsetzung schlag- und stallbezogener Höchstertragskonzeptionen in den Betrieben. Die dabei angewendeten Produktionsmethoden sollten das natürliche Leistungsvermögen der Agrarstandorte maximal ausschöpfen, führten aber in der Realität zu nachhaltigen Ressourcenschädigungen und schließlich auch zu Stagnationen im Ertragsniveau.

Die Ressource Boden als Hauptproduktionsmittel der Landwirtschaft erfuhr Bonitätseinbußen durch die oft nicht standort-, bedarfs- und termingerechte Verwendung von Mineraldüngern, von Pflanzenschutzmitteln, durch Bodenverdichtungen beim Einsatz der Großmaschinen, durch Vernachlässigung der Humuswirtschaft, Biotopverluste in Verbindung mit der Ausräumung und Monotonisierung vieler Ackerlandschaften, d.h. durch die teilweise systematische Beseitigung von Flurgehölzen, Hecken, Wegen, Feldrainen, Söllen, durch Tendenzen zur Monokultur.

Die Nutzung der Ressource Wasser gestaltete sich ebenfalls widersprüchlich. Einerseits führten beispielsweise große Meliorationsvorhaben (Wische, Lewitz, obere Warnow, Friedländer Große Wiese etc.) zur Erschließung weiter Räume für die Rinderhaltung, andererseits aber auch zu erheblichen negativen Eingriffen und Landschaftsveränderungen. Durch Überdüngungen, eine nicht ökologiegerechte Gülleentsorgung und Pestizidgroßeinsätze kam es zu Gefährdungen des Oberflächen- wie des Grundwassers in großem Maßstab.

Je ha LN stieg zum Beispiel der Stickstoffeinsatz von 38 kg (1960) auf 141 kg (1988) und der von Phosphor von 33 kg auf 56 kg, ohne daß damit Ackererträge von durchschnittlichem westdeutschen Niveau erreicht werden konnten.

So stellen sich den ostdeutschen Agrarbetrieben von heute vielfach Aufgaben der Boden- und Landschaftssanierung, der Altlastenbeseitigung, des Gewässerschutzes, um die negativen naturräumlichen Folgewirkungen früherer Wirtschaftsweisen abzuschwächen. Die Hauptkonzentrationsbetriebe der Tierhaltung mit ihren z.T. hohen Luft- und Bodenbelastungen sind teils geschlossen worden, teils auf geringe Viehbestände reduziert. Flächen- und Betriebsstillegungen wie auch der Übergang einer Reihe von Neubetrieben zum ökologischen Anbau haben der Umweltverschlechterung örtlich erfolgreich Einhalt geboten. Da angesichts gesättigter EG-Agrarmärkte den Produktionsfunktionen auch der ostdeutschen Landwirtschaftsbetriebe bei Nahrungsgütern und Industrierohstoffen Absatzgrenzen gesetzt sind, gewinnen neue betriebliche Funktionen in Diskussion und Praxis mehr und mehr an Boden: Landwirte als Landschaftspfleger, als Touristen- und Seniorenbetreuer. Es bleibt abzuwarten, inwieweit sich derartige Aufgaben auf die Existenz und die Einkommenssicherung der traditionellen Agrarunternehmen positiver auswirken werden.

Soziale Funktionen. Um den sozialen Funktionswandel der ostdeutschen Agrarbetriebe zu kennzeichnen, ist zunächst davon auszugehen, daß es den früheren LPG und VEG auferlegt war, ihren Arbeitskräften eine ganzjährige Vollbeschäftigung (auch Teilzeitbeschäftigung) im Rahmen einer 43_-Stunde-Regelwoche zu sichern. Daran knüpften sich verschiedene betriebliche Sozialleistungen, die teils gesetzlich vorgeschrieben waren. Hierzu gehörte beispielsweise die Unterstützung der individuellen Hauswirtschaften der LPG-Mitglieder durch Deputat, Übernahme maschineller Feldarbeiten etc. (seit Beginn der 60er Jahre, wo diese Hauswirtschaften zunächst als "absterbendes Überbleibsel der ehemaligen bäuerlichen Warenproduktion" bezeichnet wurden, läßt sich zu den 80er Jahren hin ein grundsätzlicher politischer Ansichtswandel mit einer nunmehr positiven Bewertung als "Feld der persönlichen Initiative der Genossenschaftsbauern zur Versorgung der Bevölkerung" erkennen). Hierzu gehörte auch die Verantwortung der Betriebe für die berufliche Qualifikation, was dazu führte, daß 1988 nur noch 6 % der Betriebsangehörigen keine abgeschlossene Berufsausbildung aufwiesen (Mitte der 60er Jahre: 95 %), LPG und VEG konnten Nachwuchskräfte sogar zum Hochschulstudium delegieren und deren spätere Rückkehr in den Betrieb vorvertraglich absichern.

Andere soziale Funktionen waren von Betrieb zu Betrieb unterschiedlich geregelt. Das betraf z.B. den Einsatz betrieblicher Bau- und Handwerkerbrigaden beim Eigenheimbau mit dem Ziel, durch günstige Kredit- bzw. Mietbedingungen bei entsprechenden Bleibeverpflichtungen die Bildung von ortsgebundenen Stammbelegschaften zu fördern. Verschiedene Agrarbetriebe unterhielten Einkaufsmöglichkeiten, Kindereinrichtungen, Ferienlager, eigene Erholungsheime, Gaststätten, Hotels, Sportzentren oder beteiligten sich als Geldgeber bei Vorhaben der oft recht finanzschwachen Gemeinden (Bau zentraler Wasserleitungen, Straßen, Abwasserentsorgung, Dorffeste etc.).

Diese sozialen Funktionen sind gegenwärtig nur zu einem geringen Teil bei den marktwirtschaftlich arbeitenden Agrarunternehmen verblieben.

Sie fallen teils in den Bereich der individuellen Vorsorge und Pflichten, teils in die Verantwortung vor allem der Kommunen. Die Situation vieler ostdeutscher Kommunen ist derzeit durch finanzielle Enge und geringe Handlungsspielräume bei der Sicherung der Infrastrukturgrundausstattung gekennzeichnet. Das hat — wie aus einer Studie des Bundesministeriums für Ernährung, Landwirtschaft und Forsten vom 19.04.1993 hervorgeht — zum Beispiel nachteilige Konsequenzen für die Versorgungssituation vor allem in den kleinen ländlichen Siedlungen. Im Jahre 1989 gab es in Ostdeutschland bei 120 000 Bewohnern keine Einkaufsmöglichkeit für Lebensmittel in ihren Wohnorten, 1992 waren es mehr als 300 000 bei steigender Tendenz und bei stark rückläufiger Bevölkerungszahl der meisten Landgemeinden.

Es zeigt sich, daß eine Reihe sozialer Funktionen, die frühere Landwirtschaftsbetriebe für Belegschaft und Dorf wahrgenommen haben, bisher nur bedingt Fortsetzungen finden konnte. Agrarunternehmen stehen dafür kaum noch zur Verfügung. Es besteht also die Gefahr, daß eine Infrastruktur-Unterversorgung für viele ländliche Siedlungen eine besondere Abwertung ihrer Lebensqualität, die weitere Abwanderung Jugendlicher und dazu eine mittel- bis langfristige Verschlechterung ihrer demographischen Reproduktionsbedingungen bedeutet. Räumliche Schwerpunkte der Abwanderung und des Infrastrukturabbaus sind vor allem Gebiete, in denen die Landwirtschaft ungünstige Standortbonitäten vorfindet (Landbodengebiete Brandenburgs, Mittelgebirge Sachsens und Thüringens) und in besonders großem Maße rückläufig ist.

4. Schlußbemerkungen

Aus dem bisher Dargelegten läßt sich ableiten, daß der Agrarabbau in Ostdeutschland nicht allein als ein ökonomisches oder agrarpolitisches Problem der Ablösung ineffizienter Betriebsstrukturen durch moderne marktwirtschaftliche Überlebensformen der Landwirtschaft anzusehen ist. Das Tempo dieses Abbaues verbindet sich mit einschneidenden Funktionsverlusten der Agrarbetriebe vor allem im sozialen Bereich der Landgemeinden und mit den zur Zeit noch wenig ausgearbeiteten Konzepten zu Funktionsgewinnen in den Bereichen Landschaftspflege, Dorferneuerung, Seniorenpflege, Tourismus. Diese Situation bedarf gründlicher Analysen, die z.B. angesichts der bevorstehenden Gemeinde- und Kreisreformen besonders dringlich sind.

Literatur

AUSGEWÄHLTE ZAHLEN DER LANDWIRTSCHAFT (1993): Statistisches Bundesamt, Zweigstelle Berlin (Hrsg.). Berlin.

BIELKA, R. et al. (Hrsg.) (1986): Freilandgemüseproduktion. Berlin.

EIN DORF — EIN BETRIEB — EIN SCHICKSAL. DER BEITRAG VON MITBESTIMMUNG UND GEWERKSCHAFTLICHER INTERESSENVERTRETUNG BEIM STRUKTURWANDEL DER LANDWIRTSCHAFT

IN DEN NEUEN LÄNDERN (1992): Hans-Böckler-Stiftung (Hrsg.). Düsseldorf.

GROSCHOFF, K., u. R. HEINRICH, (1980): Die Landwirtschaft der DDR. - Berlin.

HELLER, H., u. E. SCHIMANSKI (1966): Wasserwirtschaft und Landschaftsgestaltung in der Friedländer Großen Wiese. Naturschutzarbeit in Mecklenburg, 9, H. 3, S. 4-10. Berlin

KLAFS, G., u. H. SCHMIDT (1967): Fragen der Reliefmelioration durch Beseitigung von Ackerhohlformen in Mecklenburg. — Heimatkundliches Jahrbuch des Bezirkes Neubrandenburg, II, S. 145-154, Neubrandenburg

LAMBRECHT, H. (1977): Die Landwirtschaft der DDR vor und nach ihrer Umgestaltung im Jahre 1960. — Deutsches Institut für Wirtschaftsforschung. Sonderheft 117. Berlin

MOTTL, K. (1977): Der landwirtschaftliche Berufsverkehr als Faktor der Ökonomie des ländlichen Siedlungsnetzes. — Dissertation A, Wiss. Rat der Hochschule für Verkehrswesen Dresden. Dresden

NARIUS, C. (1980): Zu Wechselbeziehungen zwischen der Industrialisierung der Landwirtschaft und der Entwicklung der Bevölkerungsstruktur sowie der Infrastruktur im ländlichen Territorium. — Dissertation A. Sektion Tierproduktion und Veterinärmedizin Karl-Marx-Universität Leipzig. Leipzig

PETSCHOW, U., J. MEYERHOFF, u. C. THOMASBERGER (1990): Umweltreport DDR. — Frankfurt am Main.

STATISTISCHES JAHRBUCH DER DDR 1957 u. 1990 (Staatl. Zentralverw. f. Statistik (Hrsg.). Berlin.

STATISTISCHES JAHRBUCH 1992 FÜR DIE BUNDESREPUBLIK DEUTSCHLAND (1992): Statist. Bundesamt (Hrsg.). Wiesbaden.

ZIMMERMANN, F. (1975): Untersuchungen zur Flurneugestaltung unter Berücksichtigung landeskultureller Gesichtspunkte in verschiedenen Gebieten des Bezirkes Magdeburg auf der Grundlage von Komplexstudien für großflächige Melioration. — Dissertation A. Martin-Luther-Universität Halle-Wittenberg. Halle

ZU EINIGEN ASPEKTEN DER ENTWICKLUNG DER SOZIALSTRUKTUR OSTDEUTSCHER DÖRFER

von

Siegfried Feldmann[1]

Zusammenfassung

Die Transformation der sozialen Verhältnisse vom Staatssozialismus zur Marktwirtschaft impliziert tiefgreifende Auswirkungen auf die sozialstrukturelle Entwicklung der Dörfer Ostdeutschlands.

Die präzise Kenntnis der sozialstrukturellen Ausgangssituation im ländlichen Raum u.a. durch die gezielte Auswertung der in der DDR durchgeführten soziologischen Untersuchungen ist dabei eine beachtenswerte Möglichkeit für eine sachkundige Analyse und Bewertung der sozialen Wandlungsprozesse, vor allem der sich derzeit erheblich verstärkenden Risiken einer geordneten Siedlungsentwicklung in den ostdeutschen Dörfern.

Es ist erforderlich, daß in den neuen Bundesländern die ökonomischen Rahmenbedingungen für eine geordnete Dorfentwicklung gewährleistet werden, weil nur auf diesem Weg den akuten Gefahren des weiteren Wanderungsverlustes an Wohnbevölkerung und der Deformierung der sozialen Infrastruktur begegnet werden kann, die sich aus den jahrzehntelang angestauten Entwicklungsrückständen in der DDR, aber auch aus den derzeitigen Turbulenzen des Übergangs zur Marktwirtschaft ergeben.

---

[1] Prof. Dr. Siegfried Feldmann, Hochschule für Landwirtschaft und Nahrungsgüterwirtschaft "Thomas Müntzer" Bernburg, Institut für Recht und Soziologie, Strenzfelder Allee 28, 4351 Bernburg

Summary

The transformation of social relations from state socialism to a free-market economy causes far-reaching effects on the development of the social structures of the East German villages

The basis of a comprehensive analysis and evaluation of social change and above all of the currently increasing risks for rural settlement, in east German villages, is a detailed knowledge of the initial position of social structures in rural areas. Interpretations of sociological inquiries will be of importance.

It is necessary to guarantee the economic conditions of rural development. This is the only way to stop the deterioration of infrastructure caused by risk of the population decreasing. This is a result of the backwardness not only of the former GDR, but also of the present transition period to a free-market economy.

Die Entwicklung der Sozialstruktur in den ostdeutschen Dörfern ist vom 40jährigen Einfluß der DDR nachhaltig geprägt und wird derzeit durch erhebliche Turbulenzen gekennzeichnet, die eine wissenschaftliche Betrachtung erfordern.

Wenn wir nach FÜRSTENBERG (1978, S. 10) unter Sozialstruktur den erkennbaren, sich nur allmählich veränderbaren Wirkungszusammenhang in der Gesellschaft verstehen, dann schließt das zunächst die hinreichende Kenntnis der Ausgangssituation ein.

Dementsprechend erweist es sich zunächst als notwendig und nützlich, in der DDR durchgeführte sozialstrukturelle Untersuchungen gezielt in die Analyse einzubeziehen und daraus die sich ergebenden beweiskräftigen Schlüsse für die Betrachtung der Sozialstruktur im ländlichen Raum Ostdeutschlands abzuleiten.

Es ist in diesem Zusammenhang zunächst darauf hinzuweisen, daß sowohl aus der gesellschaftlichen Gesamtsicht u. a. von WEIDIG (1988) als auch spezifisch zum Teilbereich Ländlicher Raum u. a. mit Untersuchungen von KRAMBACH/ LÖTSCH (1989) aus jüngster Zeit nach wie vor beachtenswerte Arbeiten vorliegen, deren Aufarbeitung zweifellos zum fundierteren Verständnis der Entwicklungsspezifik im ländlichen Raum der ehemaligen DDR beitragen kann. In diesen Arbeiten sind zunächst eine Reihe völlig einseitiger, wissenschaftlich unhaltbarer Aussagen enthalten, die u. a. in der Feststellung gipfeln, daß das Entscheidende der sozialen Struktur in der sozialistischen Gesellschaft in der führenden Rolle der Arbeiterklasse und in den sozialökonomischen, politischen und ideologischen Gemeinsamkeiten der werktätigen Klassen und Schichten zu sehen sei (WEIDIG, 1988, S. 18).

Mit den im Rahmen der Untersuchungen zusammengetragenen Sozialanalysen sind jedoch solche Arbeiten nach wie vor eine wichtige Quelle für die Beweisführung über die Risiken und Chancen sozialstruktureller Entwicklungen im ländlichen Raum. Wenn ich mich im folgenden durchgängig auf Aussagen von KRAMBACH/ LÖTSCH beziehe, so ist dafür in erster Linie die Überlegung maßgebend, daß mit ihrer Untersuchung für die zweite Hälfte der 80er Jahre wesentliche Fakten der Sozialstrukturentwicklung systematisiert wurden, die sowohl eine Reihe innerer Ursachen der in dieser Phase eskalierenden gesellschaftlichen

Krise belegen, als auch jene gesellschaftlichen Erscheinungen und Stimmungen der Bevölkerung mit den Mitteln einer soziologischen Untersuchung reflektieren, die in den Dörfern, wie in Ostdeutschland überhaupt, zur unblutigen Überwindung der Teilung Deutschlands durch die ostdeutsche Bevölkerung beitrugen.

In den neuen Bundesländern wohnten, wie aus Tabelle 1 ersichtlich, 23,3 % der Einwohner in 6478 Landgemeinden unter 2000 Einwohner.

Fast die Hälfte aller Gemeinden entfällt auf die Gemeindegrößengruppe unter 500 Einwohner. Bei der Betrachtung der Gemeindestruktur ist zu beachten, daß nach SCHOLZ den in der Statistik erfaßten Landgemeinden etwa weitere 8000 Dörfer als Ortsteile sowie 10 000 Kleinstsiedlungen zuzuordnen sind, so daß in der Realität mit knapp 25. 000 Siedlungskörpern zu rechnen ist (SCHOLZ, S. 92). Damit wird zunächst deutlich,

daß sowohl die Gemeinden als kommunale Grundeinheiten, als auch die eigentlichen Wohnorte durch eine wesentlich geringere Einwohnerzahl gekennzeichnet sind, als in den ländlichen Siedlungen der alten Bundesländer.

Diese geringe Einwohnerzahl sowohl der Landgemeinden, als auch in noch stärkerem Maße der Ortsteile erschwerte die Ausgestaltung einer angemessenen technischen und sozialen Infrastruktur erheblich. Andererseits ergeben sich aus der geringeren Wohnortgröße innerhalb der Dorfgemeinschaft vielfach recht gut funktionierende Sozialbeziehungen, denen unter den Bedingungen der Mangelwirtschaft in der DDR eher zusätzliche Impulse verliehen wurden, weil man sich eben im Dorf gut kannte und vielerorts gegenseitig nach besten Kräften half. Der Einwohneranteil in den Landgemeinden der Ex-DDR ist dabei in den letzten Jahrzehnten infolge der städtisch orien-

Tabelle 1

Struktur der Gemeinden und Wohnbevölkerung in der DDR 1988
(STATISTISCHES JAHRBUCH DER DDR, 1989, S. 7 f.)

Gemeindegrößenklasse (Einwohner)	Gemeinden Anzahl	Anteil an den Gemeinden in %	Wohnbevölkerung (in 1000 Personen)	Anteil an der Wohnbevölkerung
bis 500	3580	47,3	1060,1	6,4
500-1000	1956	25,9	1378,2	8,3
1000-2000	1042	13,8	1429,5	8,6
unter 2000	6478	87,0	3867,8	23,3
über 2000	1085	13,0	12806,8	76,7

tierten Siedlungspolitik spürbar zurückgegangen. Lebten 1960 in den Landgemeinden bis 2000 Einwohner noch 4,8 Mill. Einwohner = 28 % der Wohnbevölkerung, so erfolgte in nur drei Jahrzehnten eine Reduzierung um 19,8 % auf 3,9 Mill. Einwohner. Dabei vollzog sich in den sowieso dünn besiedelten nördlichen Landesteilen der Einwohnerrückgang noch schneller, als im industriell stärker geprägten Süden. In zahlreichen Dörfern wurde im Verlauf der letzten drei Jahrzehnte mit dieser Bevölkerungsentwicklung die Schwelle zum geordneten Funktionieren vor allem der sozialen Infrastruktur unterschritten, zumal die Migration aus den ländlichen Räumen mit einer erheblichen Deformierung der Altersstruktur der Wohnbevölkerung verknüpft war.

Diese Entwicklung wurde von der Dorfbevölkerung mit zunehmender Sorge verfolgt. Es mehrten sich gerade im letzten Jahrzehnt vor allem seitens der in der Landwirtschaft Beschäftigten die Stimmen und die Kräfte, welche sich gegen die Benachteiligung der Dörfer durch die staatliche Siedlungspolitik wandten. Es gab dabei zweifellos auch einige partielle Resultate, die einer weiteren ungebremsten Rückentwicklung entgegenwirkten. So flossen entsprechend den damaligen staatlichen Orientierungen in den 80er Jahren alljährlich über kommunalvertragliche Regelungen etwa 2 Mrd. Mark aus den landwirtschaftlichen Betrieben in die Dörfer und in die kleineren Landstädte (FELDMANN, PLANCK, 1990, S. 233).

Ein für die damaligen planwirtschaftlichen Verhältnisse wesentlicher Vorteil bestand darin, daß diese Fonds in den Gemeinden relativ flexibel verwendet werden konnten und dabei die LPG vielfach nicht nur die finanziellen Fonds, sondern auch die materiellen Ressourcen für die punktuelle Ortssanierung zur Verfügung stellten. Das Engagement zahlreicher LPG und VEG in den Dörfern ist eine wesentliche Ursache, daß sich die kommunale Gesamtsituation in einem beachtlichen Anteil der Dörfer nicht so gravierend verschlechterte wie in den Städten. Ein Problem bestand jedoch darin, daß sich nicht alle LPG an derartigen kommunalvertraglichen Maßnahmen beteiligten. Nach den damaligen Untersuchungen unterstützte nur etwa die Hälfte der Landwirtschaftsbetriebe die Kommunen (FELDMANN, 1983, S. 184).

Gleichzeitig ist in Rechnung zu stellen, daß die LPG bzw. VEG die Gemeinden des jeweiligen Wirtschaftsterritoriums der Betriebe bei den kommunalvertraglichen Beziehungen in höchst ungleicher Weise berücksichtigten. Dadurch bedingt entwickelte sich vielfach selbst in kleinräumigen Siedlungsgebieten zwischen den ländlichen Kommunen eine äußerst differenzierte Situation mit erheblich bevorzugten, aber auch langjährig stark vernachlässigten Gemeinden und Ortsteilen.

Ein spezifisches staatliches Förderprogramm für Dorferneuerung stand in der Ex-DDR nie zur Diskussion.

Insofern gab es für ländliche Gemeinden, die keine kommunale Förderung durch die ansässigen LPG erreichen konnten, keinerlei Kompensationseffekte. Wenn man die Entwicklung der Sozialstruktur in den Dörfern der Ex-DDR betrachtet, so ist gleichzeitig anzumerken, daß es Ende der 60er Jahre, Anfang der 70er Jahre auch Vorstellungen zur Entwicklung sogenannter Agrostädte gab. Als Modellbeispiel fungierte damals die Gemeinde Neuholland/Land Brandenburg. Es war für die Dörfer verknüpft mit zeitweiligen staatlichen Restriktionen, wie dem Verbot zum Bau von Eigenheimen außerhalb der staatlich bestimmten Siedlungszentren. Glücklicherweise wurde dem Meinungsdruck der Landbevölkerung in den Folgejahren wieder nachgegeben. Insofern gab es im Unterschied zu Rumänien keinen Kurs, der auf die systematische Dorfbeseitigung hinausgelaufen wäre.

Die Dorfentwicklung wurde jedoch staatlicherseits gewissermaßen zu einer Ressortangelegenheit der Landwirtschaft umfunktioniert. Das betraf nicht nur die zumeist für alle Dorfbewohner zugänglichen betrieblichen Sozialeinrichtungen, sondern reichte vom Ausbau örtlicher Wasserversorgungsanlagen oder der Ortsverbindungswege im Rahmen des Wirtschaftswegebaues der LPG und VEG bis zur weitestgehenden Finanzierung örtlicher Sportvereine oder Kulturgruppen durch ansässige Landwirtschaftsbetriebe.

Mit der Wirtschafts- und Währungsunion brachen diese vielschichtigen kommunalvertraglichen Beziehungen zwischen Landwirtschaft und Kommunen schlagartig zusammen. Das führte in sehr vielen Dörfern für die erstmalig wieder demokratisch gewählten Bürgermeister bzw. Gemeindevertretungen zu erheblichen Komplikationen, die vielerorts bis heute noch nicht in vollem Umfang überwunden werden konnten.

Wesentliche Rückschlüsse über die Sozialsituation und damit über die Entwicklung der Sozialstruktur lassen sich aus der Erwerbssituation in den Dörfern ableiten.

Bezugnehmend auf die Untersuchungen von KRAMBACH/LÖTSCH ergab sich 1981 hinsichtlich der Erwerbssituation nach Wirtschaftsbereichen folgende Relation:

Tabelle 2:
Anteil der Berufstätigen nach Erwerbsbereichen (in %)
(Krambach/Lötsch (1989), S.32)

Erwerbsbereich	Gemeinden unter 2000 Einwohner	Gemeinden über 2000 Einwohner
Industrie/Bauwesen	36,2	52,2
Land- und Forstwirtschaft 1)	35,1	8,9
übrige Bereiche (Dienstleistungen)	28,7	38,9

1) einschl. landw. Dienstleistungsbereiche

Der hohe Beschäftigungsanteil in der Land- und Forstwirtschaft im ländlichen Raum resultierte aus einem entschieden zu hohen Einsatz lebendiger Arbeit für die Agrarproduktion. Gleichzeitig ergab sich aus der DDR-spezifischen Entwicklung, daß ein erheblicher Anteil der Kapazitäten des Landbaues, des Reparaturwesens und vieler weiterer Dienstleistungsbereiche direkt im Rahmen der Landwirtschaftsbetriebe organisiert waren. Mit dem Übergang zur Marktwirtschaft war es weder möglich noch angebracht, diese auf weitestgehend betriebliche und örtliche Selbstversorgung ausgelegte Produktionsorganisation fortzuführen.

Unter DDR-Bedingungen konnten und mußten jedoch auf diese Weise zahlreiche Einflüsse der Mangelwirtschaft kompensiert werden, wobei vielfach auch Dorfbewohner Nutznießer waren. Im Verlauf der Jahrzehnte entwickelte sich so eine beachtliche innere Bindung der Bevölkerung zu ihrer LPG, die eine Ursache dafür ist, daß auch heute die Mehrzahl der Dorfbewohner die genossenschaftliche Wirtschaftsweise bevorzugt. Die zwischenzeitlich realisierte rigorose Reduzierung des Arbeitskräftebestandes in der Landwirtschaft trug, wie aus vielen Pressebeiträgen bekannt, vor allem in einseitig landwirtschaftlich geprägten Gebieten zum erheblichen Anstieg der Arbeitslosigkeit und zur begründeten Sorge um die Gesamtperspektive ihrer Heimatdörfer bei. Da sich der Übergang zu privatwirtschaftlichen Unternehmensformen nicht mit einem Schlag vollziehen kann, ist das in vielen Dörfern mit einschneidenden Einbrüchen vor allem bei dem bisher von den LPG bzw. VEG getragenen örtlichen Versorgungs- und Dienstleistungsangebot verknüpft. Die Sozialsituation in den Dörfern wird durch die zeitgleich wirkenden krisenhaften Einflüsse in der Industrie und dem Dienstleistungswesen Ostdeutschlands zusätzlich verschärft, wobei einige arbeitsmarktpolitische Maßnahmen, vor allem die Organisation von Arbeitsbeschaffungsmaßnahmen die Gesamtsituation zumindest partiell entspannte. Obwohl solche arbeitsmarktentlastenden Maßnahmen, wie Vorruhestand zwischenzeitlich im ländlichen Raum in breitem Maße angenommen worden sind, bildet derzeit und in der bevorstehenden Entwicklungsphase die Arbeitslosigkeit das Sozialproblem Nummer 1. Dabei sind die Frauen, die zu DDR-Zeiten zu einem hohen Anteil die körperlich schwere Handarbeit verrichten mußten, in besonders hohem Maße betroffen. Außerordentlich differenziert sind vor allem in den grenznahen Räumen die Arbeitsplatz- bzw. Ausbildungsplatzangebote, vornehmlich für jüngere Dorfbewohner in den alten Bundesländern zu bewerten. Einerseits werden damit höchst bedeutende arbeitsmarktentlastende Effekte bewirkt, andererseits wird jedoch damit auf längere Sicht das weitere Ausbluten der Dörfer forciert, denn die wenigsten werden wieder ins Dorf zurückkommen. Im Zusammenhang mit derzeitigen Untersuchungen zur Sozialentwicklung von kleineren Dörfern in den neuen Bundesländern mit angestauten Entwicklungsrückständen ist die Einschätzung zu treffen, daß sich aus dieser Entwicklung äußerst problematische Langzeitwirkungen abzeichnen, denen vor allem durch die gezielte Wirtschaftsentwicklung der ländlichen Regionen der neuen Bundesländer mit der Grundformel "sanieren vor privatisieren" begegnet werden sollte.

Zur Entwicklung der Wohnsituation

Eine wesentliche Säule der Untersuchung der Sozialstruktur sind die gegebenen Wohnverhältnisse. Für die Dorfentwicklung ist dabei ein wesentlicher Vorteil, daß der Anteil an privatem Wohneigentum, vornehmlich als Ein- bzw. Zweifamilienhäuser (70-75 %), erheblich größer ist, als in den zum Vergleich mit untersuchten ostdeutschen Städten. Im Rahmen der Untersuchung von KRAMBACH/LÖTSCH (1989) in den ehemaligen Bezirken Dresden, Chemnitz und Neubrandenburg ergeben sich folgende Relationen:

Während der Anteil an privaten Wohngrundstücken in den Groß- bzw. Mittelstädten lediglich 15 % bzw. 20 % betrug, sind es in den untersuchten Dörfern über 60 %. Durch einen Großteil der Privateigentümer sind bereits vor der "Wende" erhebliche Anstrengungen zum Erhalt ihrer Gebäude unternommen worden. Obwohl zwischenzeitlich entstandene existentielle Probleme das Tempo der Sanierung der privaten Grundstücke teilweise beeinträchtigten, ist doch in den letzten Jahren in den Dörfern eine rege Bautätigkeit ein

Tabelle 3

Anteil der Eigentumsformen der von den befragten Haushalten bewohnten Wohngebäuden nach Siedlungstypen (in %) (Krambach/Lötsch (1989), S. 85)

Siedlungstyp	Eigentumsform				
	Privateigentum des Haushaltes	anderer Personen	Volkseigentum	Genossenschaftl. Eigentum	andere Eigentumsformen
Bezirksstadt	9,1	5,9	52,2	31,3	1,5
Kreisstadt	11,3	10,1	57,7	16,2	5,2
andere Städte	27,2	11,3	41,3	17,1	3,1
Industriedorf	32,8	25,4	22,0	16,4	3,4
Dorf (Hauptort)	48,2	12,4	22,7	11,0	5,7
Dorf (Ortsteil)	51,5	8,9	18,4	14,0	7,2

geleitet worden. Das läßt für die Zukunft hoffen. In Einheit mit dem zumeist in den Dörfern verfügbaren umfangreichen Nebengelaß und Freiflächen sind damit die Hauptgründe skizziert, die trotz der zweifellos in zahlreichen Wohnobjekten noch bestehenden Defizite bei der Werterhaltung bzw. bei der Wohnungsmodernisierung zu einer beachtlichen Wohnzufriedenheit führten. Die 1987 durchgeführte Befragung von KRAMBACH/LÖTSCH ergab diesbezüglich unmittelbar vor der Wende das in Tabelle 4 dargestellte Meinungsbild.

Während vor allem in den Mittel- und Kleinstädten aber auch in den Industriedörfern die Wohnsituation sehr kritisch bewertet wurde, ergab sich in den Dörfern sowohl hinsichtlich der persönlichen Wohnsituation, als auch der örtlichen Wohnverhältnisse ein deutlich positives Meinungsbild.

Gleichzeitig wird mit dieser Aussage der damalige akute Handlungsbedarf zur Sicherung angemessener Wohnverhältnisse auch im dörflichen Bereich unterstrichen, denn ein Drittel bis ein Viertel der Bevölkerung war zu Recht mit der örtlichen Wohnortsituation unzufrieden.

Für die übergroße Mehrheit der Dorfbewohner stellt die zufriedenstellende persönliche Wohnsituation und insbesondere das private Wohneigentum einen wesentlichen Bindungsfaktor zum Dorf dar. Das ist ein günstiger Ausgangspunkt für den Anlauf der Dorferneuerung in den neuen Bundesländern.

Wesentlich differenzierter war das Meinungsbild der Bewohner über die reale Wohnortsituation (s. Tabelle 5).

Diese 1987 durchgeführte Untersuchung erhärtet, daß vor allem die Kleinstadtbewohner mit der damaligen Wohnortsituation äußerst unzufrieden waren. Im Unterschied dazu war vor allem in den Hauptorten ländlicher Gemeinden und mit Abstufungen auch in den Industriedörfern bzw. in den Ortsteilen ländlicher Gemeinden mit Ausnahme der Kriterien "langweilig" und "einsam" das Kritikpotential wesentlich geringer. Dabei muß jedoch gleichzeitig auf das Gefälle der Wohnortbewertung von Hauptorten ländlicher Gemeinden und von Ortsteilen hingewiesen werden.

Obwohl zu diesem Problemkreis keine neueren Untersuchungen vorliegen, kann doch davon ausgegangen werden, daß das bestehende Grundproblem eines deutlichen Gefälles der Wohnortzufriedenheit der Hauptorte ländlicher Gemeinden zu den kleineren Dörfer auch heute noch akut ist und sich in einigen Teilbereichen eher noch verschärft hat.

Ein deutliches Zeichen der gesellschaftlichen Krise des SED-Staates war, daß in dieser Befragung 45,8 % der Probanden der Hauptorte ländlicher Gemeinden bzw. 48,1 % der Bewohner von Ortsteilen im Unterschied zur offiziellen Propaganda die Position vertraten, daß der Staat der Verbesserung der Wohnbedingungen zu wenig Aufmerksamkeit zollte. In den Kleinstädten äußerten sogar 66,5 % der Befragten eine solche Auffassung.

Soziologische Untersuchungen mit solchen für die Politik brisanten Fragestellungen waren in der DDR nur den damaligen Parteiinstituten gestattet. Die Ergebnisse wurden mit dem Siegel "parteiintern" versehen und damit jeglicher regulären wissenschaftlichen Diskussion und Auswertung entzogen.

Tabelle 4

Zufriedenheit der Probanden mit der Wohnungssituation im Wohnort bzw. mit dem persönlichen Wohnverhältnissen (Anteile in §)/ (KRAMBACH/LÖTSCH, 1989, S.93)

Siedlungstyp	Mit persönlichen Wohnverhältnissen mehr zufrieden als unzufrieden	Mit der Wohnsituation im Wohnort mehr zufrieden als unzufrieden
Großstadt	80,2	64,0
Mittelstadt	80,8	51,0
Kleinstadt	79,6	40,7
Industriedorf	85,6	44,0
Dorf (Hauptort)	86,6	66,2
Dorf (Ortsteil)	85,5	73,9

Tabelle 5:

Eindrücke der Probanden über ihren Wohnort (in %) (KRAMBACH/LÖTSCH, 1989, S. 95)

Siedlungstyp	\	\	Der Wohnort ist aus der Sicht der Befragten			
	langweilig	unsauber	gedrängt (eng)	laut	ungemütlich	einsam
Großstadt	23,2	31,9	25,3	34,3	14,5	14,9
Mittelstadt	33,1	37,3	21,5	32,2	15,0	15,9
Kleinstadt	49,8	48,7	36,8	26,4	26,3	13,3
Industriedorf	40,2	12,0	5,3	28,5	7,0	13,1
Dorf (Hauptort)	35,2	16,0	3,8	11,2	4,8	18,3
Dorf (Ortsteil)	41,2	27,4	6,9	12,3	10,5	31,5

Die den DDR-Bürgern damals eingeimpften Versionen der Partei- und Staatsdisziplin sowie die direkte Kontrolle über alle anlaufenden soziologischen Untersuchungen durch das Mielke-Ministerium bewirkten, daß das System des Schweigens über die für die Parteiführung unangenehmen soziologischen Befunde weitestgehend funktionierte.

Lokale und familiäre Lebensbedingungen im ländlichen Raum

Ein wichtiger Indikator der Sozialstruktur ist die Haushaltsgröße. Dabei ist zunächst anzumerken, daß in den neuen Bundesländern zweifellos eine weitgehende Angleichung der Haushaltsgröße zwischen Stadt und Land stattgefunden hat. Auch in den ländlichen Gebieten zählt heute der dort früher typische Mehrgenerationshaushalt eher zu den Ausnahmen.

Der Vergleich des DDR-Gesamtdurchschnittes laut Bevölkerungs-, Wohnraum- und Gebäudezählung 1981 mit den Gegebenheiten in dem von KRAMBACH/LÖTSCH untersuchten Bereich (siehe letzte Zeile der Tabelle 6) spiegelt zunächst wider, daß in der von den Genannten realisierten Befragung die Ein-Personen-Haushalte unterrepräsentiert und vor allem die Vier-Personen-Haushalte überdurchschnittlich vertreten sind. Trotz dieses Sachverhaltes lassen sich aus sozialstruktureller Sicht vor allem für die Ortsteile einige bemerkenswerte Tendenzen ableiten.

Erstens ergibt sich bedingt durch die in den Ortsteilen besonders weit fortgeschrittene Deformierung der Altersstruktur der Wohnbevölkerung ein sehr hoher Anteil an Ein- bzw. Zwei-Personen-Haushalten, vornehmlich von Bürgern im höheren Lebensalter.

Tabelle 6

Haushaltsgrößen der Probanden in Abhängigkeit vom Siedlungstyp (in %) (KRAMBACH/LÖTSCH, 1989, S. 101)

Siedlungstyp	Personen im Haushalt				
	eine	zwei	drei	vier	mehr als vier
Großstadt	8,1	23,5	28,0	23,4	6,9
Mittelstadt	12,3	25,7	26,0	28,3	7,7
Kleinstadt	13,0	29,8	23,7	26,3	7,2
Industriedorf	10,0	30,0	26,1	28,3	5,6
Dorf (Hauptort)	9,5	26,1	23,4	29,5	11,5
Dorf (Ortsteil)	14,5	28,9	19,0	24,0	13,6
DDR insgesamt 1981 (STATISTISCHES JAHRBUCH DER DDR, 1989 S. 275)	26,6	27,1	22,5	17,2	6,6

Zweitens führte das chronische Defizit von größeren Wohnungen für kinderreiche Familien in den Städten und Industriedörfern der Ex-DDR dazu, daß neben den aus den Dörfern stammenden kinderreichen Familien auch aus anderen Siedlungstypen vorzugsweise Kinderreiche in den Dörfern eine Wohnung bezogen. Das kompensierte zumindest teilweise die durch Migration von Jugendlichen entstandene Deformierung der Altersstruktur der dörflichen Wohnbevölkerung, wobei es teilweise mit einem Ausstieg sozial labiler Bevölkerungsschichten im dörflichen Milieu verknüpft war. Hinsichtlich der Ausstattung der Haushalte mit den in der ehemaligen DDR nur begrenzt angebotenen langlebigen technischen Konsumgütern ergaben sich in den Landhaushalten vor allem bei Telefonanschlüssen, Farbfernsehern und voll- bzw. halbautomatischen Waschmaschinen erhebliche Versorgungsdefizite, während bei Autos eher eine bessere Ausstattung erreicht werden konnte als in Stadthaushalten. Die Sachzwänge als Dorfbewohner vor allem zur Sicherung der Versorgung ein Fahrzeug zu besitzen, waren in der DDR sehr hoch, wobei anzumerken ist, daß 62 % aller PKW besitzenden Dorfhaushalte über einen PKW "Trabant" verfügten.

Das erhebliche Gefälle zum Durchschnittsstandard der Ausstattung westdeutscher Haushalte mit technischen Konsumgütern führte mit der Währungsreform vor allem zu einer starken Nachfrage auf dem Automarkt und mit Abstufungen auch bei anderen technischen Konsumgütern. Der teilweise erwartete Kaufrausch setzte jedoch nicht ein. Vor allem bei Älteren dominierte eher die Tendenz, trotz relativ niedriger Einkünfte zumindest etwas auf der hohen Kante zu behalten.

Tabelle 7

Ausstattung der Haushalte mit ausgewählten technischen Konsumgütern (in %)
(KRAMBACH/LÖTSCH, 1989, S. 103 f.)

Siedlungstyp	Telefon	Farbfernseher	voll- bzw. halbautomatische Waschmaschine	ein PKW	mehrere PKW
Großstadt	28,3	69,3	68,2	71,1	4,0
Mittelstadt	21,3	61,8	59,5	59,0	4,7
Kleinstadt	15,6	65,7	67,1	58,5	1,3
Industriedorf	11,2	71,1	72,7	67,1	4,2
Dorf (Hauptort)	14,9	58,8	61,6	75,5	7,1
Dorf (Ortsteil)	15,9	49,1	46,8	61,5	6,2

Tabelle 8

Anteil der Haushalte mit Nutztierhaltung (in % der Haushalte)
(KRAMBACH/LÖTSCH, 1989, S. 107)

Siedlungstyp	Nutztierart					
	Geflügel	Kanin	Schwein	Schaf	Rind	Pferd
Großstadt	1,9	5,3	0,6	1,6	0,6	0,6
Mittelstadt	7,3	10,8	--	1,6	--	--
Kleinstadt	10,3	16,1	5,6	0,4	1,3	0,9
Industriedorf	10,3	30,9	2,3	8,6	2,3	3,5
Dorf (Hauptort)	42,1	48,3	19,0	16,1	8,2	2,8
Dorf (Ortsteil)	56,4	53,5	31,5	18,1	9,4	4,2

Ein charakteristisches Merkmal der Landhaushalte, aber auch eines beachtlichen Teils von Mittel- und Kleinstadthaushalten war neben der fast obligatorischen Bewirtschaftung von Haus- bzw. Kleingärten (in den Hauptorten ländlicher Gemeinden 84,4 % bzw. in Ortsteilen 88,7 %) der hohe Anteil privater Nutztierhaltung. Neben der so günstiger zu gestaltenden Eigenversorgung trugen dazu die stark subventionierten Agrarpreise ebenso bei, wie die staatlichen Abnahmegarantien, selbst wenn der Markt mit den jeweiligen Erzeugnissen übersättigt war.

Die Garten- bzw. Kleinstflächenbewirtschaftung verknüpft mit der ausgewiesenen teilweise recht umfangreichen Nutztierhaltung verbesserte nicht nur die wirtschaftliche Situation der Familien u. a. durch einen beachtlichen Eigenversorgungsgrad mit ausgewählten Nahrungsgütern und bemerkenswerten Nebeneinnahmen, sondern sie war eine wesentliche Basis für die Bewahrung und teilweise Reproduktion einer typisch dörflichen und teilweise auch bäuerlichen Denk- und Lebensweise.

Für viele Landbewohner war die Herstellung der Einheit des Landes mit der Illusion verknüpft, daß sie ihre auf Privatinitiative fußenden Aktivitäten der ländlichen Nebenproduktion ohne die lästigen Zwänge der Mangelwirtschaft weiter entfalten könnten. Um so größer war und ist der Frust über den rigorosen Verdrängungswettbewerb gegenüber ostdeutschen Agrarerzeugnissen, der aus der Sicht vieler Dorfbewohner im völligen Widerspruch zu den vollmundigen politischen Erklärungen über die endlich wieder möglich werdende Privatinitiative steht.

Der lautstark verkündete politische Appell des "Ärmelhochkrempelns" wirkte in dieser Situation eher wie ein Hohn. Wenn sich in den neuen Bundesländern nur in minimalem Umfang einheimische Familien entschließen, wieder ein landwirtschaftliches Familienunternehmen zu gründen, so haben die brachial wirkenden Markteinflüsse daran den entscheidenden Anteil. Für die Charakterisierung der Sozialstruktur bildet das Haushaltsnettoeinkommen eine wesentliche Basis.

Die im folgenden dargestellte Übersicht fußt dabei auf Eigenangaben von den Befragten. Sie ist folglich vor allem hinsichtlich der Stichhaltigkeit der tatsächlichen Einnahmenhöhe mit dem erforderlichen Vorbehalt zu bewerten. So sind in den vorliegenden Daten mit Sicherheit die aus der Hauswirtschaft erzielten Nebeneinkünfte nur zu einem geringen Teil berücksichtigt. Da jedoch in allen Siedlungstypen mit ähnlichen Fehlerquoten gerechnet werden kann, ergaben sich jedoch zumindest vertretbare Aussagen zu den Relationen zwischen den Siedlungstypen.

Die Übersicht verdeutlicht die Ende der 80er Jahre zwischen Stadt und Land bestehenden Einkommensdisparitäten. Eine äußerst angespannte Lebenssituation ergab sich vor allem für Ein-Personen-Rentnerhaushalte, wobei die niedrigen Mieten und stark subventionierten Preise für Grundnahrungsmittel sowie die Mehrzahl der Dienstleistungen dazu beitrugen, daß Fälle akuter Armut oder gar Obdachlosigkeit kaum auftraten.

Da bei den in der Landwirtschaft Tätigen, das für Renten- bzw. Versicherungsansprüche in Ansatz gebrachte Arbeitseinkommen zu DDR-Zeiten nur auf dem Anteil aus betrieblicher Arbeitstätigkeit fußt, ergeben sich vor allem bei den Genossenschaftsmitgliedern bei der Beantragung von Renten- bzw. Vorruhestandsleistungen außerordentlich problematische Langzeitwirkungen. Das betrifft vor allem die Frauen, die jahrzehntelang in den LPG vornehmlich die schweren körperlichen Handarbeiten für ein relativ geringes Entgeld verrichteten und die nunmehr trotz lebenslanger Arbeit nur eine Mindestrente, bzw. den Mindestsatz des Arbeitslosengeldes erhalten und so zu Hauptverlierern der Einheit werden.

Tabelle 9

Durchschnittliches monatliches Nettoeinkommen nach Einkommensgruppen (in % der Haushalte)
(KRAMBACH/LÖTSCH, 1989, S. 112)

Siedlungstyp	unter 500 M	500 - unter 1500 M	1500 - unter 2000 M	2000 - unter 2500 M	über 2500 M
Großstadt	4,6	40,7	29,2	16,1	9,4
Mittelstadt	9,3	52,0	20,9	10,8	7,0
Kleinstadt	9,7	54,7	23,3	8,1	4,2
Industriedorf	9,6	49,7	24,9	11,3	4,5
Dorf (Hauptort)	8,5	58,8	20,9	7,8	4,0
Dorf (Ortsteil)	14,3	59,2	16,0	7,6	2,9

Hinsichtlich der lokalen Lebensbedingungen ist einzuschätzen, daß bis in die kleineren Orte im wesentlichen ein flächendeckendes Netz von Poststellen, Kindergärten, und Kinderkrippen sowie örtlichen Verkaufsstellen, zumeist des Konsums, eingerichtet waren, wobei es hinsichtlich Ausstattung, sanitärhygienischer Bedingungen und Angebotsstabilität erhebliche Mängel gab.

Wesentlich differenzierter war die Lage hinsichtlich des bestehenden Netzes und des Angebotsstandards der dörflichen Gaststätten. Da vielerorts der Konsum den Gaststättenbetrieb nicht abzusichern vermochte und private Gastwirte eher die Ausnahme waren, übernahmen vielfach die LPG auch den Ausbau und die Bewirtschaftung von örtlichen Gaststätten sowie einer Reihe von Dienstleistungen (oft mit einem für damalige DDR-Verhältnisse beachtlichen Niveau).

KRAMBACH/LÖTSCH ermittelten 1987 folgendes Meinungsbild über die Zufriedenheit mit den örtlichen Versorgungseinrichtungen (Tabelle 10). Abgesehen von der Einschätzung der Einkaufsmöglichkeiten in den Ortsteilen erhärtet das 87er Befragungsergebnis das deutliche Stadt - Landgefälle der Versorgungsleistungen, wobei man zusätzlich noch das in der Regel bescheidenere An-

Tabelle 10
Zufriedenheit mit den Versorgungsbedingungen (Mittelwerte) (KRAMBACH/LÖTSCH, 1989, S. 165)

Siedlungstyp	mit den Einkaufsmöglichkeiten	mit den Dienstleistungen	mit den Verkehrsverbindungen zum nächsten Versorgungszentrum
Großstadt	2,16	2,08	1,65
Mittelstadt	2,26	2,13	1,59
Kleinstadt	2,50	2,22	1,64
Industriedorf	2,79	2,56	2,06
Dorf (Hauptort)	2,64	2,89	2,27
Dorf (Ortsteil)	2,39	2,87	2,82

Skalenwerte:
1 = zufrieden
2 = mehr zufrieden als unzufrieden
3 = mehr unzufrieden als zufrieden
4 = unzufrieden

spruchsniveau von Dorfbewohnern an die örtlichen Versorgungseinrichtungen mit in Rechnung stellen kann.

Der Übergang zu den marktwirtschaftlichen Gegebenheiten führte einerseits in vielen Dörfern durch private Existenzgründungen zu einer Verbesserung der Angebotspalette und der Versorgungssituation. Andererseits ergeben sich verschärft durch den Ruin von Konsumgenossenschaften und den Druck der teilweise höchst unkoordiniert entstandenen Discountmärkte, sowohl bei Existenzneugründungen als auch bei langjährig bestehenden und von den Dorfbewohnern sehr geschätzen örtlichen Versorgungseinrichtungen in massenhaftem Umfang Schließungen, die in den Dörfern die Arbeitslosigkeit vor allem von Frauen weiter anschwellen lassen und verbreitet eine erhebliche Verschlechterung der dörflichen Versorgung bewirkt haben.

Die Leidtragenden sind dabei vor allem Ältere und kinderreiche Familien, die nicht bzw. nur unter erheblichen Erschwernissen in der Lage sind, die Angebote der umliegenden Versorgungsträger in Anspruch zu nehmen, zumal zwischenzeitlich in zahlreichen ländlichen Regionen der öffentliche Linienverkehr aus ökonomischen Erwägungen spürbar dezimiert worden ist.

Zusammenfassend ist zum Komplex "lokale und familiäre Lebensbedingungen" einzuschätzen, daß die vielschichtigen, teilweise sogar euphorischen Hoffnungen der Landbewohner hinsichtlich der Verbesserung der lokalen Lebenslage zumindest von einer erheblichen Ernüchterung abgelöst worden sind. Vielerorts dominiert eine erhebliche Resignation über die offensichtliche Verschlechterung der Lebenslage, die teilweise bereits in Verbitterung umschlägt. Obwohl sich mit der Wende auch im dörflichen Bereich zahlreiche Privatinitiativen entwickelt haben, ist es notwendig, auf den akuten Handlungsbedarf hinzuweisen, der sich sowohl aus den angestauten Entwicklungsrückständen der letzten vier Jahrzehnte, als auch aus den Turbulenzen der Wirtschafts- und Sozialentwicklung im Zeitraum seit der Wende ergibt.

Die Kommunalverwaltung und Bürgerbeteiligung
Bei der Systematisierung der Ebenen der Sozialstruktur verweist Schäfers ausdrücklich auf die Struktur des Wandels des politischen Systems vor allem des Staates sowie die Struktur des Wandels der Siedlungsformen der Gemeinden. (SCHÄFERS, 1986, S. 285)

Die eingangs erwähnte Kommunalstruktur der Landgemeinden der neuen Bundesländer ist, wie bereits begründet, durch einen hohen Anteil kleiner Gemeinden gekennzeichnet. Abgesehen von den schon skizzierten kommunalvertraglichen Beziehungen mit ansässigen Betrieben zumeist der Landwirtschaft war unter den planwirtschaftlichen Gegebenheiten der DDR der kommunale Handlungsspielraum der Landgemeinden äußerst gering und somit auch die Autorität der Bürgermeister und Gemeindevertretungen erheblichen Belastungen ausgesetzt. Es konnte zwar im Gemeinderahmen lang und breit über Defizite der kommunalen Infrastruktur debattiert werden, für die übergroße Mehrzahl der Landgemeinden gab es im staatlichen Rahmen kaum Chancen, daß noch so berechtigte Belange regulär im Plan berücksichtigt wurden. Das betraf die Kleinstädte genauso wie die Dörfer. Zwangsläufige Folge war, daß das Interesse der Bürger an kommunalen Angelegenheiten immer stärker nachließ und die

Politikverdrossenheit zunahm, weil es ja kaum Zweck hatte, auf bestehende Rückstände bzw. Mißstände hinzuweisen. Mit den ersten demokratischen Gemeindewahlen im März 1990 und der damit verknüpften Ausweitung der Kompetenzen der Gemeinden entwickelte sich in den ostdeutschen Kommunen sehr schnell und nachhaltig neues kommunales Selbstvertrauen. Die mit dem Mandat der Bevölkerung ausgestatteten Bürgermeister hatten zwar gemäß dem Standard der Bundesrepublik oftmals noch nicht ausreichende Verwaltungserfahrungen, konnten aber in der übergroßen Mehrheit sehr schnell mit Hilfe der Bürger, übergeordneter Behörden und westdeutscher Partner drängende Kommunalprobleme sachgerecht ordnen, erforderliche Fachplanungen auf den Weg bringen und eine beachtliche Zahl punktueller Vorhaben der Dorfsanierung oft in kurzer Frist realisieren.

Mit und für die Bürger lohnte es sich für Bürgermeister und Gemeindevertreter mit der Wende endlich wieder, sich für Gemeindebelange zu engagieren und dabei die auftauchenden bürokratischen Hürden zu überwinden. In dieser Umbruchsituation erwiesen sich dabei die relativ kleinen Gemeinden als ein gewisser Vorteil, weil Überschaubarkeit und Bürgernähe dazu führten, daß manches Kommunalproblem flexibler und schneller auf den Weg gebracht werden konnte, als in dem wesentlich komplexeren und oftmals auch schwerfälligeren Organismus von Städten oder Großgemeinden mit einer großen Anzahl an Ortsteilen. Die im letzten Jahr in allen neuen Bundesländern unter der Fahne der Verwaltungsrationalisierung von "oben" und "außen" mit großem Nachdruck initiierten Vorhaben der Gebiets- und Verwaltungsreform lösten in den Landgemeinden neben einigen Hoffnungen vor allem neue Ängste und Vorbehalte aus, daß die Belange der kleinen bisher selbständigen Gemeinden unter die Räder geraten (FELDMANN/PLANCK, 1991, S. 5).

Obwohl derzeit vor allem mit der Hinwendung zur Variante der Verwaltungsgemeinschaften nach dem Vorbild Schleswig-Holsteins ein gangbarer Kompromiß gesucht wird, dominiert trotz öffentlicher Dementis der Druck von Kreisverwaltungen und Landesregierungen, zur Bildung von möglichst großen Verwaltungsgemeinschaften mit 8000 und mehr Einwohnern. Die wesentlich geringere Einwohnerdichte sowie die reale Größe der Wohnorte vor allem in der Nordhälfte des Beitrittsgebietes, aber auch im Cottbusser Raum bedingt, daß mit Wirksamwerden der Verwaltungsgemeinschaften zwangsläufig die Wege für die Bürger der an der Peripherie liegenden Orte zur Verwaltung wesentlich länger und aufwendiger werden, aber auch ein wesentlicher Anteil des Zeitfonds der Verwaltungskräfte beispielsweise für Begutachtungen oder Sprechstunden in einer sehr großen Zahl von Orten mit der "Verwaltungsrationalisierung" schon von den Rahmenbedingungen her wieder aufgesogen wird. Im Endeffekt bleibt der erstrebte Rationalisierungseffekt aus. Was die Verwaltung an Sachkompetenz gewinnt, wird durch anwachsenden Aufwand der Bürger und Verwaltungseinheiten mehr als aufgezehrt. Kurz gesagt: Verwaltungsrationalisierung ja, aber von unten bei strikter Beachtung der Belange der jetzigen kleineren Gemeinden und Dörfer und des gegebenen Siedlungsgefüges. Die weitestgehende Erhaltung der zumeist in den 50er Jahren entstandenen Gemeindestrukturen auch unter den Bedingungen der Verwaltungsreform ist in den neuen Bundesländern erforderlich, weil im Unterschied zum alten Bundesgebiet nur noch wenige Elemente des Vereinswesens bestehen. Während in den Dörfern der alten Bundesrepublik oftmals die Vereine das entstehende Defizit an örtlicher kommunaler Vertretungskörperschaft kompensieren konnten, ist im Beitrittsgebiet in den wenigsten Landgemeinden für die nächste Zeit mit einem ähnlichen Effekt zu rechnen.

Aus diesem Blickwinkel ergeben sich für die sozialstrukturelle Entwicklung zwei wesentliche Konsequenzen:

Erstens ist es empfehlenswert, daß die Verwaltungsrationalisierung bei weiterer Sicherung einer funktionierenden kommunalen Vertretungskörperschaft in den bisher vertrauten Gemeinden erfolgt. Nur auf diesem Weg wird es möglich, das wieder aktivierte Bürgerinteresse am kommunalen Geschehen weiter auszuprägen und so die Dorfentwicklung durch Hilfe zur Selbsthilfe zu fördern.

Zweitens gilt es, trotz der schwierigen Ausgangssituation alle zu Gebote stehenden Möglichkeiten auszunutzen, um eine schrittweise Wiederbelebung eines vielfältigen Vereinslebens zu erreichen. Damit werden wesentliche örtliche Möglichkeiten des kulturellen und sportlichen Lebens erschlossen und zugleich wichtige Beiträge für die Wohnortbindung und das aktive Gemeinschaftsdenken der Bürger einschließlich der nachwachsenden Generation geleistet. In diesem Zusammenhang ist es erforderlich, die Felder der gesellschaftlichen Aktivität der Bürger einer spezifischen Betrachtung zu unterziehen. Die vor allem auf die Betriebe orientierte politische Organisation in der DDR schloß ein, daß relativ viele Bürger in das zentralistisch auf die SED-Herrschaft

Tabelle 11

Anteil von Bürgern, die 1987 in verschiedenen Bereichen der DDR ehrenamtliche Funktionen ausübten (in %) (KRAMBACH/LÖTSCH, 1989, S. 192)

Siedlungstyp	im Betrieb	in der Gemeinde/ Stadt	im Kreis/ bzw. Bezirk	im Wohngebiet
Bezirksstadt	41,0	4,1	5,1	13,3
Kreisstadt	31,7	5,3	8,2	10,3
andere Stadt	27,5	8,5	3,8	11,8
Industriedorf	24,5	13,0	3,5	10,1
Dorf (Hauptort)	22,2	20,9	6,1	11,9
Dorf (Ortsteil)	17,3	15,1	3,4	10,2

ausgerichtete Organisationssystem eingebunden waren, wobei sich auch diesbezüglich zwischen den Siedlungstypen beachtenswerte Unterschiede ergaben.

Für das Verständnis der damaligen Situation ist zunächst darauf hinzuweisen, daß eine Reihe von ehrenamtlichen Tätigkeiten unter dem Druck des "etwas mitmachen zu müssen" zustande gekommen und dementsprechend auch mit relativ wenig persönlichem Engagement ausgeübt wurde. Andererseits kann auch nicht bestritten werden, daß beispielsweise die Organisation des "Brigadelebens" in den Betrieben oder auch örtlicher Gremien u. a. der Dorfclubs oder der Sportgemeinschaften durchaus den persönlichen Belangen zur tätigen Teilnahme am Gemeinschaftsleben entsprachen und entsprechend engagiert ausgeübt wurden. Während die Dorfbewohner auf betrieblicher Ebene hinsichtlich der Übernahme von ehrenamtlichen Funktionen eher mit Zurückhaltung reagierten, gab es bezogen auf die ländlichen Gemeinden eine entgegengesetzte Relation. Dabei spielen dörfliche Tradition, z. B. der unbedingten Sicherung der Einsatzbereitschaft der örtlichen Feuerwehr ebenso eine Rolle, wie das Bemühen, sich in der vertrauten örtlichen Gemeinschaft aktiv zu verwirklichen.

Während die ehrenamtliche Tätigkeit in den Betrieben mit den eingetretenen gesellschaftlichen Veränderungen kaum noch eine Rolle spielt, ist es auf der örtlichen Ebene durchaus angebracht, ohne übertriebene Berührungsängste auch auf jenen nicht stasibelasteten Personenkreis zuzugehen, der in der Vergangenheit einen Teil der Freizeit für Betriebs- oder Gemeindeangelegenheiten einsetzte und so vor allem für die Reaktivierung des Vereinswesens in den Dörfern ein beachtenswertes Potential bildet.

Die Einsicht und manchmal auch die Scham, sich in den letzten vier Jahrzehnten für Ziele und Vorhaben eingesetzt zu haben, die nunmehr politisch und wirtschaftlich gescheitert sind, verknüpft mit dem Frust über viele Erscheinungsformen offensichtlicher Fremdbestimmung in der Entwicklungsphase, bewirkt, daß gegenwärtig ein Teil der bisher gesellschaftlich aktiv Wirkenden eher zurückhaltend auf die Erfordernisse einer regen Bürgerbeteiligung in den Dörfern reagiert. Da gerade in den Dörfern das Funktionieren des gesellschaftlichen Lebens oftmals vom Einsatz einer einzigen befähigten Persönlichkeit abhängt, gilt es im Interesse der Dörfer die sich aus der politischen Entwicklung ergebenden Tendenzen der ungerechtfertigten Zurückhaltung bzw. Resignation zu überwinden.

Migration und Mobilität der Dorfbevölkerung

Wie in den vergangenen Abschnitten begründet, ergaben sich in den letzten vier Jahrzehnten eine Reihe gegensätzlicher Tendenzen, einerseits der ausgeprägten Ortsbindung und andererseits der Verstärkung der Migrationsbereitschaft der Dorfbevölkerung.

Stellt man einen Vergleich mit der Situation in den 80er Jahren an, so ist zunächst festzustellen, daß einige Bindungsfaktoren, wie die Wohnqualität auf dem Lande, das Wohneigentum, die Möglichkeit relativ preisgünstig zu wohnen oder die persönlichen Kontakte im vertrauten Wohnort, mit der "Wende" in ihrer Relevanz eher zugenommen haben. Andere vor der "Wende" bedeutsame Bindungsfaktoren, wie ein akzeptabler Arbeitsplatz im Wohnort oder in unmittelbarer Wohnortnähe oder die Möglichkeit, mit günstigen Einkommensaussichten eine individuelle Hauswirtschaft zu betreiben, sind hingegen mit den eingetretenen Veränderungen für einen Großteil der Landbevölkerung nicht mehr relevant.

Interessante Rückschlüsse über die Grobstruktur der Bindungsfaktoren nach Siedlungstypen der 80er Jahre in der ehemaligen DDR sind aus dem nachfolgenden Befund von KRAMBACH/ LÖTSCH abzuleiten (Tabelle 12).

Die Übersicht unterstreicht, daß die Wohnung in allen Siedlungstypen als nachhaltigster Bindungsfaktor wirkt, wobei deren Stellenwert für die Dorfbevölkerung noch höher ist als für die Stadtbevölkerung. Eine deutlich höhere Relevanz, wenngleich auf einem niedrigeren Gesamtniveau ergibt sich für die Dorfbewohner hinsichtlich der Sozialkontakte und der Umweltbedingungen. Während sich mit Ausnahme der Hauptorte von Landgemeinden hinsichtlich der familiären Bindungen keine gravierenden siedlungsseitigen Einflüsse abzeichnen, fällt die Rangigkeit der Wohnortbedingungen und der Arbeitsbedingungen als Bindungsfaktor der Dorfbevölkerung deutlich ab.

Im Gesamtgefüge der Vielzahl der Einflußbedingungen wurde 1987 eine potentielle Migrationsbereitschaft der Dorfbevölkerung von 15 % ermittelt, wobei in Übereinstimmung mit ähnlich gelagerten Untersuchungen die Migrationsbereitschaft der 15 - 25 jährigen etwa doppelt so hoch war, wie der angegebene Durchschnitt. Einen wesentlichen Einfluß auf diesen für dörfliche Bedingungen relativ günstigen Wert hatten zum damali-

Tabelle 12
Faktoren der Wohnortbindung nach Siedlungstypen 1987 (KRAMBACH/LÖTSCH, 1989, S. 255)
(Mittelwerte der Befragung)

Siedlungstyp	Familiäre Bindung	Wohnung	Arbeitsbedingungen	Soziale Kontakte	Umwelt	Wohnortbedingungen
Bezirksstadt	41,5	61,3	54,7	32,8	25,4	51,9
Kreisstadt	45,6	60,9	60,4	38,6	24,1	45,0
andere Stadt	44,9	62,1	49,9	30,8	20,3	33,2
Industriedorf	42,6	71,3	45,6	43,4	30,7	36,8
Dorf (Hauptort)	32,5	72,6	43,5	41,9	28,0	32,8
Dorf (Ortsteil)	41,4	73,2	34,7	41,9	35,1	39,4

gen Zeitpunkt neben den Eigentumsbindungen zweifellos die LPG und VEG, die im Dorf nicht nur als der größte Arbeitgeber, sondern auch als der wichtigste Organisator der Verbesserung der Sozial- und Kommunalbedingungen in den Dörfern eine Schlüsselrolle ausübten.

Mit dem gesellschaftlichen Wandel ist einzuschätzen, daß sich vor allem unter der jüngeren Generation die Migrationsbereitschaft erheblich vergrößert hat, wobei es bisher keine ausreichenden wissenschaftlichen Befunde für diese These gibt.

Ein spezifisches Moment der Mobilität der Erwerbstätigen sind die Anteile und Hauptströme der Arbeitspendler.

Vor allem mit den größeren Möglichkeiten des Individualverkehrs ist dabei das Pendeln von attraktiveren Wohnorten in die jeweiligen Arbeitsobjekte für die Erwerbsbevölkerung zunehmend zur gesellschaftlichen Normalität geworden. Es kann sich unter Umständen auf das gesamte Berufsleben erstrecken. Vielfach wurde jedoch im höheren Lebensalter eine Arbeitsstätte im Wohnort bevorzugt.

KRAMBACH /LÖTSCH ermittelten in Ihrer 87er Untersuchung, daß 48,3 % aller Erwerbstätigen aus den Dörfern zur Arbeitsstelle auspendelten, während zum damaligen Zeitpunkt 24,9 % der in den Dörfern bestehenden Arbeitsplätze von Einpendlern ausgefüllt wurden (STAATLICHE ZENTRALVERWALTUNG FÜR STATISTIK BERLIN).

Mit den gesellschaftlichen Wandlungen vor allem der erheblichen Verminderung von Arbeitsplatzangeboten der Landwirtschaft erweitert sich der Auspendleranteil permanent. Besonders problematisch ist dabei der erhebliche Anstieg der Weitpendler, die in der Regel nur an den Wochenenden zu den Familien zurückkehren. Es ist davon auszugehen, daß die Mehrzahl dieser Weitpendler mit ihren Familien in absehbaren

Tabelle 13

Arbeitspendler nach Siedlungstypen, Geschlecht und Altersstufen
(in % der Erwerbstätigen) (KRAMBACH/LÖTSCH, 1989, S. 309, 311)

| Siedlungstyp | darunter | | darunter | | |
	männlich	weiblich	16-25 Jahre	26-35 Jahre	36-65 Jahre
Bezirksstadt	10,6	4,7	10,6	5,7	7,9
Kreisstadt	28,9	10,4	28,4	23,8	16,7
andere Stadt	34,3	22,3	48,2	29,4	25,2
Industriedorf	40,9	26,0	41,5	43,9	29,0
Dorf (Hauptort)	46,7	37,5	57,3	45,7	37,1
Dorf (Ortsteil)	49,0	41.2	58,8	46,2	42,2

Zeiträumen in Arbeitsplatznähe ihres derzeitigen Arbeitsortes umziehen werden. Nur ein relativ geringer Teil wird den derzeitigen Arbeitsplatz aufgeben, um wieder in Wohnortnähe einer Erwerbstätigkeit nachzugehen.

Es ist notwendig, daß im Rahmen der Wirtschafts- und Regionalentwicklung der neuen Bundesländer derartigen unvertretbar einseitigen Pendlerwanderungen mit ihren für die Region bedrohlichen Langzeitwirkungen entgegengesteuert wird.

Zusammenfassend ergibt sich aus der keineswegs vollständigen Betrachtung der Sozialsituation in den Dörfern Ostdeutschlands die dringende Notwendigkeit, konkrete Untersuchungen über die Wandlung der Sozialstruktur durchzuführen.

Die angestauten Entwicklungsrückstände, wie die im Transformationsprozeß entstehenden Widersprüche und Risiken der Dorfentwicklung bedingen dabei, daß es notwendig ist, die gesellschaftliche Aufmerksamkeit auf die sich ergebenden Dorfprobleme zu lenken, um so den dringend notwendigen Umschwung zu erreichen.

Literatur

FELDMANN, S. (1983): Untersuchungen und Vorschläge zur Verbesserung der Arbeits- und Lebensbedingungen in den LPG, VEG, kooperativen Einrichtungen sowie in den Dörfern durch wirksamere staatliche Einflußnahme der Räte der Kreise und der Räte der Gemeinden, Hochschule für Landwirtschaft und Nahrungsgüterwirtschaft, Bernburg, Diss. B

FELDMANN, S.; PLANCK, U. (1990): Dorfentwicklung und Flurneuordnung in der DDR, Mitteilungsblatt Deutscher Verein für Vermessungswesen, Landesverein Bayern, 42 (1990) H 3, München S. 231-246.

FELDMANN S.; PLANCK, U. (1991): Was bringt die Gebietsreform: Mehr Demokratie oder mehr Bürokratie? Deutsches Landblatt Nr. 223 vom 24.9.1991, Berlin, S. 5

FÜRSTENBERG, F. (1978): Die Sozialstruktur der Bundesrepublik Deutschland, Westdeutscher Verlag, Opladen 6. Auflage.

KRAMBACH, K.; LÖTSCH, M. (1989): Forschungsbericht zur Sozialstruktur und Lebensweise in Städten und Dörfern, Akademie für Gesellschaftswissenschaften, Berlin - 324 S.

SCHÄFERS, B. (1986): Grundbegriffe der Soziologie, Leske Verlag Opladen, 400 S.

STAATLICHE ZENTRALVERWALTUNG FÜR STATISTIK BERLIN (1981): Ergebnisse der Volks-, Bildungs-, Wohnungs- und Gebäudezählung.

STAATSVERLAG DER DDR (1990): Statistisches Jahrbuch der DDR 1989, 424 S.

WEIDIG, R. (1988): Sozialstruktur der DDR, Dietz Verlag. Berlin - 262 S.

DIE GESTALT DER DÖRFER UND MÖGLICHKEITEN DER ERHALTENDEN DORFERNEUERUNG, DARGESTELLT AN BEISPIELEN AUS THÜRINGEN

von

Hartmut Wenzel[1]

Zusammenfassung

Der Autor richtet sein Augenmerk zunächst auf die überlieferten und modernen Siedlungsgrundrisse. Hinsichtlich der Dorfplanung der 50er, 60er und 70er Jahre zeigen sich bemerkenswerte Parallelen zwischen Ost- und Westdeutschland: Sie war geprägt von einer Negation der überlieferten Dorfgestalt und dem Willen, neue Formen zu schaffen. Seit 1990 werden nun verstärkt Anstrengungen um die Erhaltung und Revitalisierung der historischen Bausubstanzen und Gestaltelemente unternommen. In vielen Dörfern werden jedoch auch die "Bausünden" nach westlichen Mustern wiederholt.

Summary

When focussing on the traditional and modern layouts of settlements, remarkable parallels between the 1950s - 1970s village planning schemes in both the eastern and western lands of the Fed. Rep. of Germany become apparent. These schemes were inspired by the negation of the traditional village designs and the will to create new forms. Since 1990, however, efforts have been made to conserve and revitalize the architectural heritage, even if many villagers in the eastern lands seem not to be able to abstain from copying the architectural sins of the west.

---

[1] Prof. Dr.-Ing. Hartmut Wenzel, Hochschule für Architektur und Bauwesen Weimar, Coudraystr.13, 5300 Weimar

I.

"In der That wandeln wir in jedem Dorfe unter den Ruinen der Vorzeit, und zwar unter Ruinen, die an Alter die romantischen Trümmer der Burgen und Stadtmauern in der Regel weit hinter sich zurücklassen. - Wenn Sie mich fragen, worin diese eigenthümlichen Reste bestehen, so liegen sie in der Anordnung der Wohnplätze und Besitzungen gegeneinander, in den Zäunen und Abgrenzungen der einzelnen Güter und Gehöfte, in der Stellung der Häuser und ihrem Verhältnis zu Hof und Garten, in den Wegen, die zwischen denselben hindurchführen und sie zugänglich machen, in der Form der gemeinschaftlichen Plätze, der Bewahrung des Ganzen nach außen, der mehr oder weniger regelmäßigen Gestalt der Dorflage, der Beziehung der Gehöfte zu den Besitzstücken, gewissen Besonderheiten in der Gesammt-Eintheilung der Feldflur und Aehnlichem mehr " (MEITZEN, 1872).

Ausgehend vom europäischen Raum sind die Formen ländlicher Siedlungen und der zugehörigen Fluren erstmals von AUGUST MEITZEN wissenschaftlich beschrieben und vergleichend betrachtet worden, der 1872 mit den eingangs zitierten Worten einen Vortrag über dieses Problem vor der Berliner Gesellschaft für Anthropologie, Ethnologie und Urgeschichte einleitete ("Die deutschen Dörfer nach der Form ihrer Anlage und deren nationaler Bedeutung") und mit diesem Beitrag sowie seinem 1895 erschienenen Hauptwerk über "Siedelung und Agrarwesen der Westgermanen und Ostgermanen, der Kelten, Römer, Finnen und Slawen" den Grundstein für diese Disziplin der Historischen Siedlungsgeographie legte (MEITZEN, 1895).

Seit AUGUST MEITZEN sind ländliche Siedlungsformen hauptsächlich von Geographen und Historikern bearbeitet worden; wobei kritisch anzumerken ist, daß einerseits bestimmte Siedlungsformen (vorschnell) ethnologisch determiniert wurden (ich erinnere nur an das bis zum Überdruß strapazierte Beispiel der sogenannten slawischen Rundlinge), andererseits aber das Formengefüge eben nur literarisch be- und umschrieben, nicht aber nach formalen Kriterien exakt analysiert und definiert worden ist. Das führte mit zunehmender Zahl der Autoren zu einer kaum noch zu überschauenden Vielfalt der Begriffe, daneben auch zu einer Beschränkung auf die lehrbuchhaft "schönen" Idealtypen, während das Gros der "unbestimmbar-unregelmäßigen" in den großen Topf der Haufendörfer geworfen wurden, da sie sich einer eindeutigen Zuordnung zu einer vorgefaßten Formengruppe zu entziehen schienen.

Zu diesen gehörte auch Bechstedtstraß bei Weimar, das von der älteren siedlungsgeographischen Schule als "kleines, gedrängtes unregelmäßiges Haufendorf " bezeichnet worden ist (WITZLEBEN, 1931). Eine Analyse des Grundrisses auf der Basis der historischen Flurkarte von 1842 ergibt eine platzförmige Gruppierung von Gehöften um die Pfarrkirche, je eine Sackgasse im nordwestlichen und südöstlichen Teil und zwei Straßenzeilen als Grundformen der Siedlung (Abb. 1).

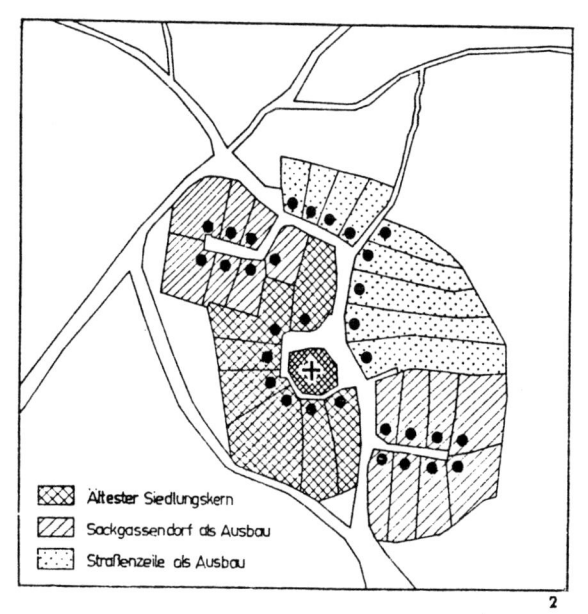

Abb.1 Bechstedtstraß, Kr. Weimar: Ortslage nach der Flurkarte von 1842 (MEITZEN, 1872) und Analyse des Siedlungsgrundrisses (MEITZEN, 1895). Zeichnung H. Wenzel.

Das hohe Alter der urkundlich 918 erwähnten Bonifatiuskirche, die Größe der Hofreiten (im Verhältnis zu denen der Sackgasse), die Lage des 1354 genannten Gemeindebackhauses an diesem Ort sowie die allgemein günstigen Standortbedingungen lassen den Schluß zu, daß diese "Platzkernsiedlung" den ältesten Teil im rezenten Gefüge des Dorfes bildet.

Die beiden Sackgassengrundformen können wahrscheinlich auf die Ansiedlung je einer Wüstungsgemeinde aus dem Umfeld unseres Ortes zurückgeführt werden. Schließlich wären die beiden Straßenzeilen als jüngere Ausbauten anzusprechen.

Natürlich gibt es in Thüringen auch echte Haufendörfer, wie schon THOMAS MANN wußte, der im "Dr. FAUSTUS" seinen Helden Adrian Leverkühn und dessen Kommilitonen "zur Juni-Zeit, wenn aus den Schluchten der bewaldeten Höhen, die das Thüringer Becken durchziehen, die schweren Düfte des Jasmins quellen", -"durch das von der Industrie fast freie, mild-begünstigte fruchtbare Land mit seinen freundlichen Haufendörfern aus Fachwerkbauten" hin zur Wartburg wandern läßt (MANN, 1964).

Der Grundriß einer Siedlung wird von Flurstücken gebildet, die nach Form, Größe, Nutzung und Eigentumsverhältnissen verschieden sind. Den zahlen- und flächenmäßig größten Anteil an der Summe aller Flurstücke einer Ortslage haben die mit Wohn- und Wirtschaftsgebäuden bebauten Parzellen, die als "Hofreiten" oder "Hofstätten", in ihrer Gesamtheit mit den auf ihnen errichteten baulichen Anlagen als "Gehöfte" bezeichnet werden und seit mittelalterlicher Zeit das Bauland im engeren Sinne innerhalb des Dorfes bildeten. Mit Hilfe des Wege- und Straßennetzes als wesentliches ordnendes Prinzip wird die zu bebauende Fläche strukturiert, erschlossen und zugänglich gemacht.

Jede nach einem formalen Ordnungsprinzip aufgebaute Einheit einer Siedlung bezeichne ich als "Grundform". Die gesamte Siedlungsform eines Dorfes kann mithin aus einer Grundform, mehreren gleichen oder mehreren ungleichartigen Grundformen bestehen (Abb. 2).

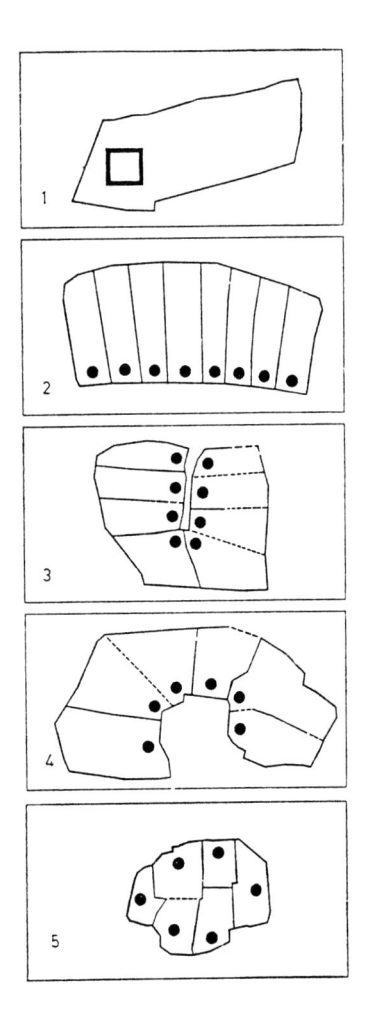

Alle Siedlungsformen und die sie bildenden Grundformen lassen sich auf zwei einfache "Elementarformen" - als Wurzeln ihres Anfangs - zurückführen: auf den Einzelhof, der zu einer im Siedlungsgefüge vorherrschenden Größe anwachsen kann (Burg, Vorwerk, Kloster, Gutshof), und auf die Gehöftzeile in regelmäßiger Reihung an einer künstlich geschaffenen oder natürlich vorhandenen Grenzlinie (Straße, Weg, Geländekante, Bach- oder Flußufer). Mit Hilfe von drei Grundoperationen - Addition, Division, Multiplikation - lassen sich von diesen Elementarformen nicht nur die regelmäßigen Planformen - Sackgassen-,Straßen- und Platzdörfer in mannigfältiger Ausführung und Kombination (Abb. 3) -, sondern auch die kleinen, bisher terminologisch so schwierig zu handhabenden unregelmäßigen Kleinformen ebenso ableiten wie die großen Haufendörfer ohne Plangestalt.

Abb.2 Grundformen im Grundrißgefüge ländlicher Siedlungen des Weimarer Gebietes.
1 = Einzelhof, 2 = Straßenzeile, 3 = Sackgasse,
4 = Platzkern, 5 = Insula.
Zeichnung H. Wenzel.

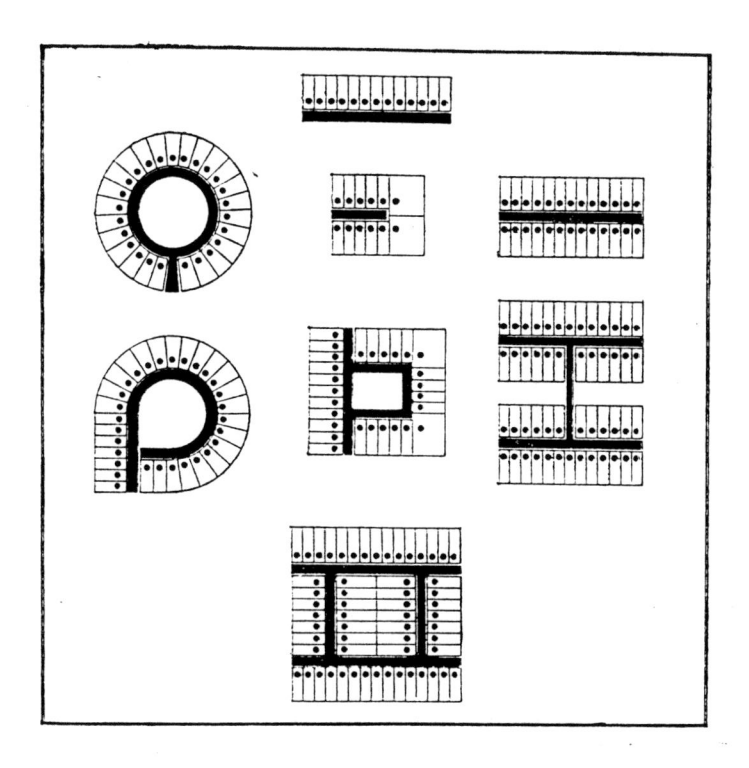

Abb. 3 Planschemata ländlicher Siedlungen, die auf der ‚Zeile' als Elementarform aufbauen. Zeichnung H. Wenzel.

Die beiden letztgenannten Typen sind aus dem Einzelhof hervorgegangen: Der Weiler durch die Ansiedlung einiger Bauernstellen neben einem grundherrschaftlichen Hof; die Grundform des Haufendorfes - eine rundlich-unregelmäßig begrenzte insula von Gehöften - durch Teilung eines größeren Sippengehöftes. - Hingegen lassen sich jene flächenhaft entwickelten Siedlungen, welche bisher als Haufendörfer mit formgebendem Wegenetz angesprochen wurden, den planmäßig gestalteten Grundrissen zuordnen, die auf der Gehöftzeile als Grundform beruhen.

Auf hochentwickelter Stufe der Dorfplanung entstanden, vereinigt das Waldhufendorf in sich beide elementare Prinzipien; bildet es doch die durch Multiplikation des Einzelhofes entstandene Zeile mit separaten Besitzanteilen in der Flur und ist damit eine die Kulturlandschaft markant prägende Siedlungsform!

Wie bereits das Beispiel Bechstedtstraß erkennen ließ, ist im Mittelalter bei notwendig gewordenen Dorferweiterungen das additive Prinzip, welches klare Grenzlinien zwischen den genetisch zu unterscheidenden Ortsteilen hervorbringt, vorherrschend gewesen. In der Neuzeit hat diese Methode in seiner Eigenschaft als oberster Landbaumeister Preußens auch Friedrich der Große angewendet, wenn er bei der Kolonisation der im Schlesischen Krieg gewonnenen Provinzen forderte, sich bei der Anlage neuer Ortsteile an alte slawische Siedlungen deutlich von diesen abzusondern, damit "das grobe und butte Volk, das ansässig sei, sehe und Gewahr werde, wie sich die Deutschen einrichten und wirtschaften" (KUHN, 1915).

Indem also in der Regel durch Hinzufügung weiterer Grundformen an Bestehendes sich eine Siedlung erweitert, wird die Grundform - beispielsweise gegenüber Hofreite und gesamter Siedlungsform - zum beständigsten Element innerhalb des Grundrißgefüges. Einer permanenten Erneuerung unterliegt hingegen die bauliche Substanz. Wohn- und Wirtschaftsgebäude müssen nicht nur wegen des physischen Verschleißes gestaltverändernd "unterhalten", sondern bei wirtschaftlichen und sozialen Neuerungen auch rasch dem jeweiligen Stand der Entwicklung angepaßt werden. Meine Durchsicht von Plänen zur Dorferneuerung und Dorfplanung ergab bezüglich der Erfassung, Strukturierung und Berücksichtigung von Siedlungsformen und ihren Elementen ein erhebliches Defizit. Das wird offenbar, wenn "Planungsgrenzen" willkürlich über historisch gewachsene Strukturen gelegt, deren Bestandteile nicht erkannt werden und schließlich neu geschaffene "Bebauungsgrenzen" sowohl die Kenntnis von der Genese des behandelten Objektes als auch Gefühl für die Ausgewogenheit historischer Grenzlinien vermissen lassen.

Abb.4 Linda, Kr. Pößnek: Weideanger in der Dorfmitte

II.

Dorfplanung als Lehre von der Geschichte, Gestalt und Planung von Siedlungen, deren Wesensmerkmal räumliche und soziale Überschaubarkeit in einer landwirtschaftlich geprägten Kulturlandschaft ist, wurde an der Weimarer Hochschule 1960 begründet. Eine der ersten Arbeiten behandelte Dörfer eines Gebietes in Ostthüringen, das hinsichtlich seiner Siedlungs- und Flurformen wohl einmalig in deutschen Landschaften ist: Weideangerdörfer der Schleizer Seenplatte mit ihren charakteristischen Gemengefluren, die sich mit planmäßig gegründeten und regelhaft geformten unterschiedlichen Siedlungsformen zu lebendiger Einheit verbinden (Abb. 4).

Meist umschließen drei Gehöftzeilen raumbildend einen breiten, zur gestalteten Landschaft geöffneten Dorfanger für das Weidevieh. Das hier vorherrschende Recht der Anerbteilung, das nur einen Bauernsohn zur Übernahme des Hofes berechtigte, machte es möglich, daß sich diese Siedlungs- und Flurformen bis in die Gegenwart erhalten konnten. Grundstückszusammenlegungen und Verkoppelungen sind hier nicht nötig gewesen.

Seit 1961 war den Verfassern ein Blick über die Mauer und hinter die Dorfzäune des Westens verwehrt; hier mußte die abstrahierende Schwarz-Weiß-Darstellung einer Broschüre die farbige und reale Wirklichkeit ersetzen, um Wege der Dorferneuerung in der Bundesrepublik Deutschland kennenzulernen. Empfohlen wurde in der vom Bundeswirtschaftsminister Kurt Schmücker herausgegebenen Schrift "Bauen auf dem Lande" die Aussiedlung von Bauernhöfen in die Feldflur, die Negation überlieferter Grundrißstrukturen und die Schaffung von neuen Dorfzentren mit Gebäuden, die sich in ihrer Formensprache deutlich von den traditionellen unterschieden (ARBEITSGEMEINSCHAFT LANDWIRTSCHAFTLICHES BAUEN, O. J.).

Und wenn der Leitartikler dieses Heftes verkündete: "Das Dorf in seiner althergebrachten Form existiert nicht mehr, höchstens in den Vorstellungen einiger Romantiker", so befand sich derselbe im Konsens mit den Wirtschaftsexperten des Ostens. In den Köpfen der Romantiker beiderseits der Grenze aber war die Vorstellung nicht auszurotten, daß das Dorf doch noch existieren müsse. - Auch in Weimar war man davon überzeugt.

1965 wurde als Diplomarbeit die Planung einer landwirtschaftlichen Wirtschaftseinheit ausgeführt, die aus drei kleinen Dörfern und einem Gutshof (als partieller Siedlungswüstung) bestand. Die Siedlungsstruktur auf der Muschelkalkhochfläche über der Ilm ist das Ergebnis des mittelalterlichen Wüstungsprozesses, der zur Auflassung von mehr als 60 Prozent der um 1300 noch bestehenden Siedlungen (bis 1500) geführt hat (Abb. 5).

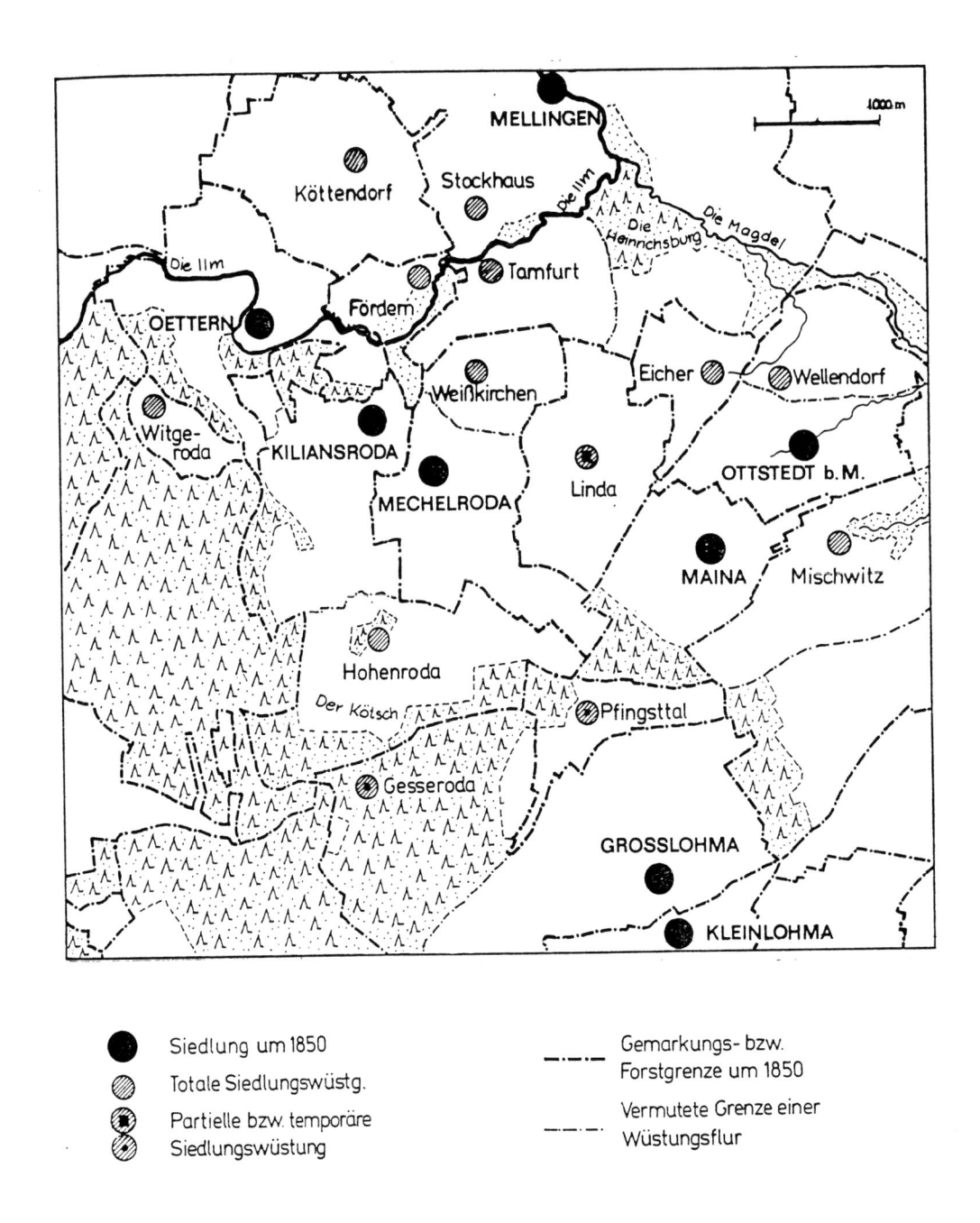

Abb. 5 Die Wüstungen auf dem Kötsch und an Ilm und Magdel, Kr. Weimar. Zeichnung H. Wenzel.

Im Ergebnis dieses Strukturwandels konnte sich Mechelroda als geographisches und grundherrschaftliches Zentrum einer Dorfgruppe aus einem kleinen Rodungsweiler zu einem Straßendorf entwickeln.

Wie die historische Flurkarte von 1856 (Abb. 6) erkennen läßt, beherrschte ein Rittergut das Dorf, in dem sich neben wenigen mittelbäuerlichen Betrieben nur Kleinbauern halten und Tagelöhner ihren Lebenserwerb finden konnten.

Auch nach Jahrhunderten sind diese sozialen Verhältnisse noch in der Siedlungsstruktur und in den Haus- und Gehöftformen ablesbar, wie das Aufmaß eines Tagelöhnerhofes erkennen läßt (Abb. 7).

Der Bebauungsleitplan von 1965 ging davon aus, die historischen Grenzen der Ortslage unangetastet zu lassen und das Leitbild eines Straßendorfes konsequent fortzuführen (Abb. 8).

Nach 25 Jahren haben wir versucht, Bilanz zu ziehen, das heißt, die Wunschvorstellungen von 1965 mit der Wirklichkeit des Herbstes 1990 zu vergleichen. Das Ergebnis war ein sehr zwiespältiges: Während sich einerseits noch zahlreiche ehemalige Kleinbauern- und Tagelöhnergehöfte nahezu unberührt von den Stürmen politischer Wolkenregionen als Refugien des Hausforschers erhalten haben, sind andererseits Wirtschaftskräfte des vergangenen und des neuen Regimes gemeinsam am Werk, nicht nur die Dorfstruktur, sondern auch die Kulturlandschaft dieses Raumes brutal zu vergewaltigen. Schneller als unser Zeichenstift war die Planierraupe: Noch bevor unsere Dorfaufnahme beendet war, hatte auf freiem Feld in der Trinkwasserschutzzone und im Landschaftsschutzgebiet Mittleres Ilmtal eine Handelskette ihre Markthalle eröffnet. Selbstverständlich ohne das anderenorts übliche Genehmigungsverfahren.

In der Nachbarschaft unseres Planungsgebietes suchten mit dem nebenstehend abgebildeten Inserat Nepper, Schlepper und Bauernfänger zahlungskräftige Kunden an die Angel zu bekommen und versprachen für das Weihnachtsfest 1990 den Einzug in einen ominösen "Wohnpark des Prinzen von Anhalt", den es bis heute nicht auf dem blanken Acker des kleinen Dorfes Maina gibt (Abb. 9).

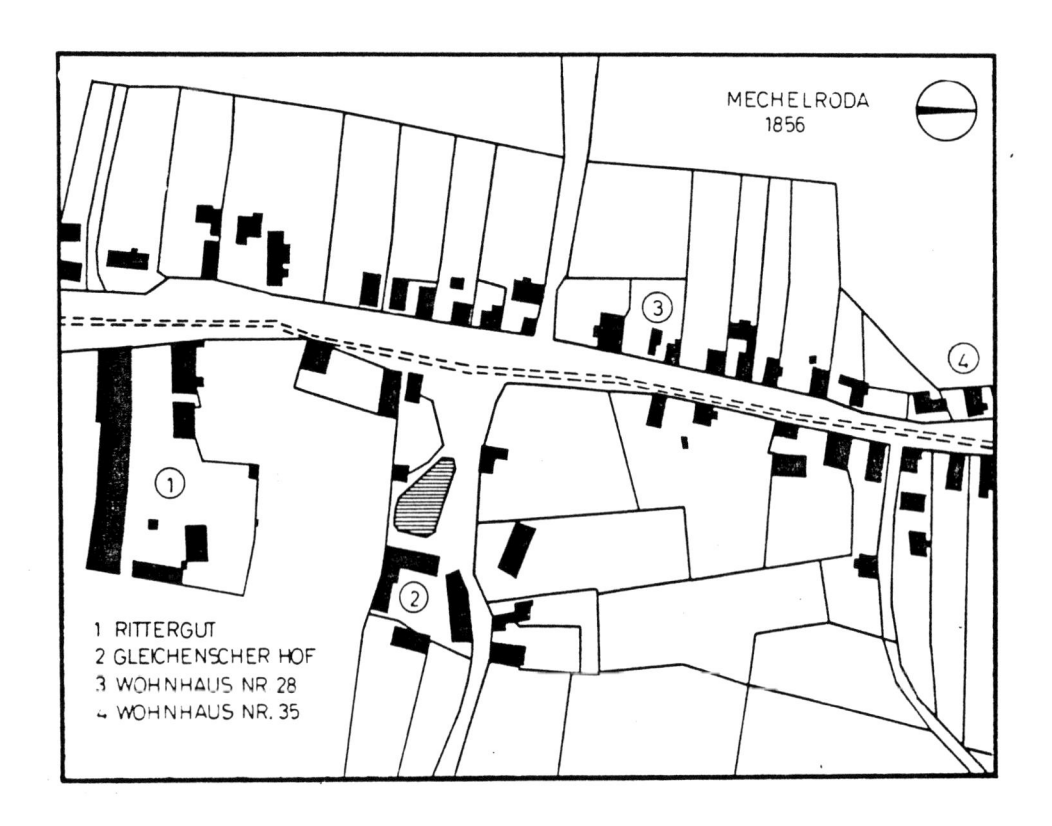

Abb. 6 Flurkarte Mechelroda 1856. Zeichnung H. Wenzel.

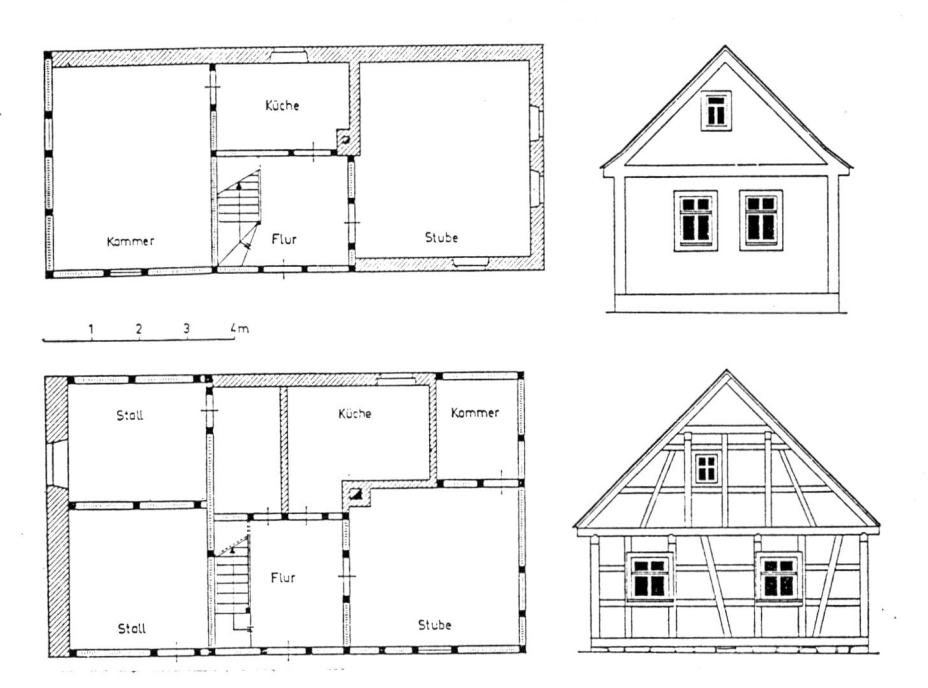

Abb. 7 Tagelöhnerhäuser Mechelroda Hr. 28 und 35. Aufmaß und Zeichnung H. Wenzel.

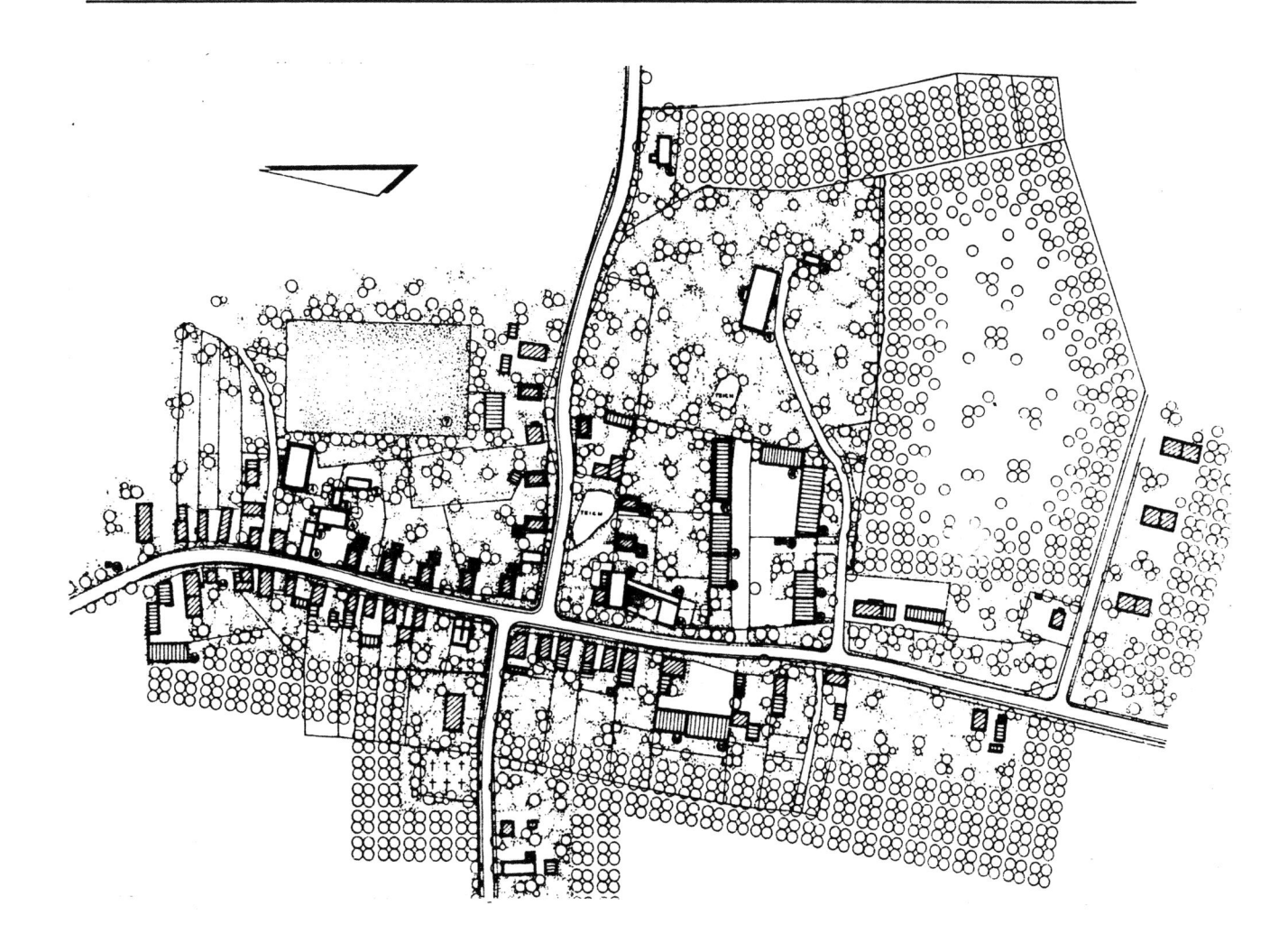

Abb. 8 Dorfplanung Mechelroda 1965: Bebauungsstudie. Diplomarbeit M. Asmuss, HAB Weimar.

Wohnpark Prinz von Anhalt

Maina bei Weimar
wir erstellen für Sie in landschaftlich
reizvoller Lage Reihen- und Doppel-
häuser ca. 120 m² Wfl. ab DM 295 000,-
Schlüsselfetig incl. Grd. und Erschl.

Wenn Sie Weihnachten in Ihrem neuen
Haus erleben wollen, rufen Sie uns
sofort an oder schreiben Sie uns.
Wir beraten Sie über Finanzierungs-
möglichkeiten, Staatsbaudarlehen
sowie Steuerersparnisse.
Also rufen Sie sofort an, Zeit ist Geld.

Schneider Immobilien
W-8501 Kalchreuth
Heroldsberger Straße 25
Tel. 0 04 99 11/56 70 15
Fax. 0 04 99 11/56 70 18

Abb. 9 Werbung für ein imaginäres Wohngebiet bei Maina, Kr. Weimar Ausschnitt Tageszeitung.

Nunmehr hoffen die enttäuschten Bauern auf einen großen Freizeitpark im Stile eines Disneylandes, der ihnen von anderer Seite schon versprochen ist. Es ließe sich dieses traurige und tragikomische Kapitel `Planungskriminalität in den ostdeutschen Bundesländern' beliebig fortsetzen; doch an dieser Stelle soll mit der Rückblende fortgefahren werden.

Der 1966 entstandene Entwurf für den ländlichen Siedlungsschwerpunkt Berlstedt begleitete eine Entwicklung, die mit der Kollektivierung landwirtschaftlicher Betriebe am Beginn der 60er Jahre eingesetzt hatte. Bedingt durch wenige objektive, insbesondere aber durch einen subjektiven Faktor war der Ort mit etwa 800 Einwohnern dazu ausersehen worden, Zentrum für 12 Dörfer und 7 Landwirtschaftliche Produktionsgenossenschaften, vor allem aber zu einem der Muster- und Vorzeigedörfer der sozialistischen Landwirtschaft der DDR zu werden.

Am Beginn der Planung waren wesentliche Marken in der beabsichtigten Richtung bereits gesetzt: Der Bau einer großen Produktionsanlage für 800 Milchkühe, eines Wohngebietes mit mehrgeschossigem Wohnungsbau und einer Schule außerhalb der historischen Grenzen der Ortslage. Der Entwurf versuchte, die neu erschlossenen Baugebiete abzurunden und mit Grün zu fassen, in die Struktur des alten Haufendorfes - einst ein Marktflecken - aber nicht zerstörend, sondern ordnend einzugreifen. Weitere Flächen sollten nicht in Anspruch genommen werden (Abb. 10). Doch wie sah nach Jahrzehnten die Wirklichkeit aus?

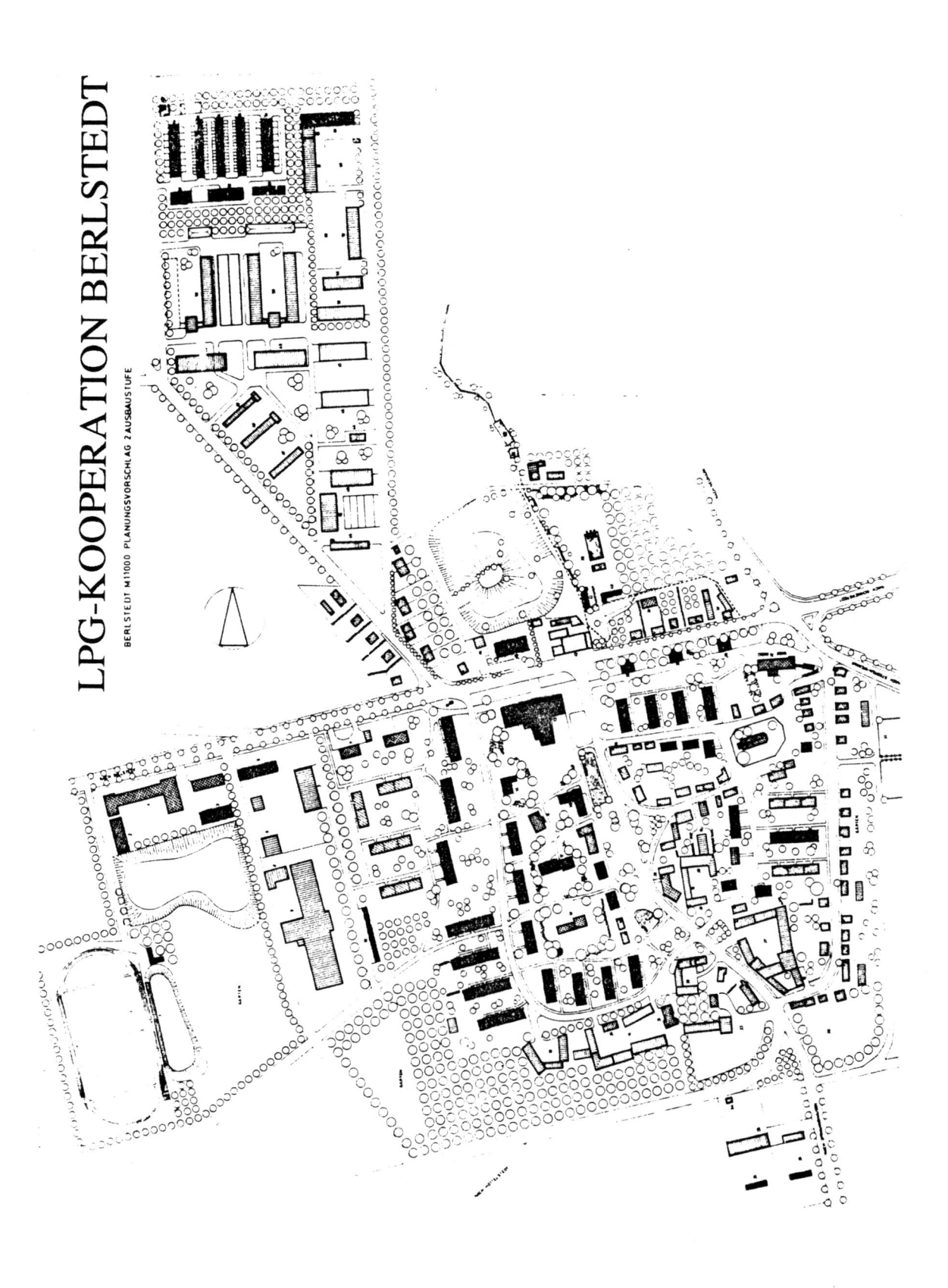

Abb. 10 Dorfplanung Berlstedt 1966: Bebauungsstudie. Diplomarbeit D. Grevsmühl, K.-H. Welsch. HAB Weimar.

Am Anfang dorfplanerischer Praxis standen, wie in der Bundesrepublik, `nicht formalisierte Planungsinstrumentarien', die, auf der historischen Entwicklung eines Dorfes und seinem Bestand aufbauend, Probleme und Aufgaben aufgrund eines Zielkonzeptes analysierten und Entwicklungen in Alternativen darzustellen versuchten.

Den geringsten Grad an Verbindlichkeit hatten die für die Dörfer der DDR erarbeiteten sogenannten `Ortsgestaltungskonzeptionen'. Denn die Entscheidungen wurden über alle Köpfe, Gutachten und Planungen hinweg von einer Parteidiktatur getroffen, die häufig in Personalunion mit Plankommissionen und Organen der Landwirtschaft verbunden war; während die staatlichen Büros für Städtebau und die volkseigenen Baubetriebe nur die Ausführenden solcher Beschlüsse waren. Einen ganzheitlichen Planungsansatz und Ablauf hat es nicht gegeben, auch nicht bei unserem Musterdorf Berlstedt. In Wahrheit wurde im Land der Pläne ohne längerfristige Pläne gearbeitet.

Abb. 11 Denkmal einer Genossenschaftsbäuerin vor dem Kulturhaus in Berlstedt. Foto H. Wenzel.

Die Verliererin der Geschichte, die 25 Jahre im Kuhstall gearbeitet hat und nun in den Vorruhestand geschickt worden ist, steht in Bronze gegossen als Denkmal vor dem Kulturhaus und schlägt angesichts der katastrophalen Zustände in der Landwirtschaft die Hände über dem Kopf zusammen (Abb. 11).

In Thüringen sind zwei Drittel der ehemaligen Genossenschaftsbauern nicht mehr in der Landwirtschaft tätig, ein großer Teil ist arbeitslos geworden. Je 100 Hektar landwirtschaftlicher Nutzfläche sind nur noch im Durchschnitt 4,2 Arbeitskräfte beschäftigt, weniger als in den westlichen Ländern der Bundesrepublik (5,05). Der Viehbestand wurde halbiert. Die sogenannten `Altschulden' können nicht getilgt werden, weil der thüringische Bauer für dieselben Produkte weniger erhält als sein Kollege jenseits der Werra.

Ein Großteil der Stallanlagen steht wüst und leer wie in Berlstedt, wo eine 800er Anlage der sechziger Jahre auf eine Produktionsstätte von zweimal 2000 Stück Milchvieh angewachsen war. Die Agrar-Industrievereinigung - wie sie genannt wurde - hatte einst 25 000 Hektar bester Böden bewirtschaftet. In drei Jahrzehnten war das Dorf mit Wohngebieten und seinen Stallanlagen weit über seine historischen Grenzen hinausgewachsen. Nunmehr werden hierzulande erneut riesige Flächen unserer Kulturlandschaft verbraucht; jetzt für Gewerbegebiete, die fast jedes Dorf seit der Wende in seinen Flächennutzungsplänen ausgewiesen hat.

III.

Im widersprüchlichen Verhältnis von Bewahrenswertem und Erneuerungsbedürftigem vollzieht sich moderne Dorfplanung. Wohin aber mit wertvoller, an Ort und Stelle nicht in ursprünglicher Form zu bewahrender Bausubstanz, deren herkömmliches Schicksal es wäre, abgerissen oder so umgebaut zu werden, daß der dokumentarische Wert von kleinen Schweinekoben, Taubenhäusern, Obstdarren, Scheunen und Speichern sowie der zugehörigen Wohnhäuser verloren ginge? Seit mehr als einem Jahrhundert bietet sich dafür als Refugium ein Freilichtmuseum an, das laut Definition des europäischen Verbandes als Speicher unseres kulturellen Erbes zu verstehen ist.

Vom Lehrgebiet Dorfplanung ist die Idee für ein Thüringisches Freilichtmuseum initiiert worden. Bereits der erste, 1970 auf einem fiktiven Standort erprobte Ideenentwurf ging davon aus, daß für ein solches Museum auch eine typische Siedlungsform gewählt werden müsse: für Thüringen ein kleines Platzdorf, das mit Wall, Graben und Hecke geschützt werden kann (Abb. 12).

Abb. 12 Studie zu einem Freilichtmuseum für Thüringen, Modellfoto. Pflichtentwurf 1970, B. Stude, H.-U. Wittich. Betreuung K. Püschel, H. Wenzel. HAB Weimar

Doch nicht nur die Siedlungsform, auch der Standort sollte konkreten historischen Bedingungen entsprechen. Gewählt wurde deshalb in der Realisierungsphase der Platz des wüstgewordenen mittelalterlichen Dorfes Witteroda bei Hohenfelden im Kreis Weimar.

Hier werden Gebäude und Hofanlagen des 16. bis 19. Jahrhunderts aus dem Einzugsgebiet des Museums, dem Thüringer Becken und dessen Randplatten, gezeigt. Mit der Translozierung des Wohnstallhauses aus Eichelborn ist 1988 der Grundstein für den Aufbau des neuen Dorfes gelegt worden (Abb. 13).

Abb. 13 Wohnstallhaus Eichelborn Hr. 10 auf dem Standort des Museumsdorfes Witteroda bei Hohenfelden. Foto H. Wenzel.

Dagegen werden die für den Besucher gewöhnlich nicht zugänglichen Höfe des Museums für Magazine, Werkstätten, Lager und Arbeitsräume in der Ortslage Hohenfelden entstehen, wo mehrere Gehöfte angekauft worden sind.

Das Bindeglied zwischen diesem nichtöffentlichen Bereich und dem Museumsdorf Witteroda bildet das Informations- und Ausstellungszentrum im ehemaligen Pfarrhof, wo 1980 mit der Umsetzung des ersten Gebäudes, einer kleinen Obstdarre aus Tonndorf (Abb. 14), das Vorhaben begonnen worden ist.

Abb. 14 Obstdarre aus Tonndorf in situ. Foto M. Schuster.

Es sind immer nur wenige ausgewählte Objekte, die auf dem Umweg einer Translozierung zu einem Denkmal erhoben werden können. Noch geringer ist der Anteil derjenigen, die Aufnahme in die amtlichen Denkmallisten gefunden haben. Der verantwortungsvolle und sensible Planer und Architekt wird deshalb in jedem Dorf und in dessen baulichen Strukturen potentielle, bisher nicht erkannte Denkmale vermuten.

Unabhängig vom jeweiligen Zustand haben Siedlungs- und Flurformen, Hofanlagen, Wohn- und Wirtschaftsgebäude sowie Bauten der Dorfgemeinschaft und anderes einmalig unverwechselbare Gestalt und sind unmittelbares geschichtliches Zeugnis. Sie tragen so zur Identifikation sowohl des Einzelnen als auch der Gesellschaft mit diesem Ort bei - und das meist unbewußt für die Beteiligten! Hier geht es nicht allein um die architektonischen, ingenieurtechnischen, bildkünstlerischen und kunsthandwerklichen Einzelwerke, deren altüberlieferte Denkmaleigenschaften einen so hohen Rang haben, daß ihre förmliche Erklärung zum Denkmal nach allgemeiner Übereinkunft seit langem ausgesprochen ist und dieselben, beschrieben, bewertet und klassifiziert, Eingang in die Kataloge gefunden haben: Niemand bezweifelt die Notwendigkeit ihrer Erhaltung und behutsamen Einbeziehung in das stets sich Wandelnde eines belebten Siedlungskörpers. Uns geht es um die wenig vordergründigen, alltäglichen Werte, die es in jedem Dorf zu entdecken gilt. - Und daß wir es - trotz aller Konservierungsversuche von Denkmalpflegern und Dorferneuerern - mit einem steten Wandel zu tun haben, dokumentieren eindrucksvoll Untersuchungen, die wir zur Veränderung der baulichen Gestalt in Gutendorf und Ettersburg durchgeführt haben (Abb. 15, 16)

Abb. 15 Gutendorf, Kr. Weimar: Ortslage 1841 (oben) und 1953 (unten). Zeichnung H. Wenzel.

Abb. 16 Aufmaß einer Straßenzeile von Ettersburg, Kr. Weimar, oben um 1860, unten 1965. Zeichnung H. Wenzel.

Die thüringischen Dörfer haben eine günstigere Ausgangsposition, als es auf den ersten Blick scheinen mag: Trotz partiellen Verfalls, dessen Ausbreitung Mangel und Bürgerfleiß verhindert haben, und mancher überdimensionaler Produktionsbauten der Landwirtschaft, die gravierend in die Siedlungsstruktur eingegriffen haben und die Landschaft nachhaltig belasten, gibt es Refugien bedeutenden Umfangs und kulturelle Werte, die es erst zu entdecken gilt. - Diese Werte sollten nicht verschleudert werden! Im Gegenteil: sie sind das Pfund, mit dem wir wuchern müssen.

Und endlich sollte von der Gewohnheit Abschied genommen werden, Materie gewordene Fehlentscheidungen und Bausünden der Vergangenheit durch Integration in aktuelle Planungen im Nachhinein zu sanktionieren. Wen dabei der Mut verlassen sollte, der sei an die Worte des ersten deutschen Denkmalpflegers Karl Friedrich SCHINKEL erinnert, der 1815 angesichts der Vernichtung von Denkmalen im Verlauf der Säkularisation festgestellt hatte:

"Wenn nicht jetzt ganz allgemeine und durchgreifende Maßregeln angewandt werden, diesen Gang der Dinge zu hemmen, so werden wir in kurzer Zeit wie eine neue Colonie in einem früher nicht bewohnten Lande dastehen." - Er forderte einen Mann, "der durch das Gefühl für das Ehrwürdige dieser Gegenstände geleitet wird und sich hinreichend ausgerüstet fühlt, die Verteidigung gegen die Stürmenden zu übernehmen, welche, getrieben durch den augenblicklichen Vorteil, auf den Untergang manches herrlichen Werkes hinarbeiten" (SCHINKEL, 1918).

Aber dieser von SCHINKEL herbeigesehnte Lohengrin der Denkmalpflege ist auch in Thüringen bis heute nicht erschienen.

Literatur

ARBEITSGEMEINSCHAFT LANDWIRTSCHAFTLICHES BAUEN (Hrsg.) (o.J.): Bauaufgaben der Dorferneuerung, Frankfurt/Main. - Wolfratshausen.

KUHN, W.(1915): Kleinsiedlungen aus friderizianischer Zeit. - Berlin.

MANN, Th. (1964): Doktor Faustus. Das Leben des deutschen Tonsetzers Adrian Leverkühn, erzählt von einem Freunde. - Berlin, Weimar.

MEITZEN, A. (1872): Die deutschen Dörfer nach der Form ihrer Anlage und deren nationaler Bedeutung. - Vortrag in der Berliner Gesellschaft für Anthropologie, Ethnologie und Urgeschichte. - Berlin.

MEITZEN, A. (1895): Siedelung und Agrarwesen der Westgermanen und Ostgermanen, der Kelten, Römer, Finnen und Slawen. - Bd. 1-3, Berlin.

SCHINKEL, K. F. (1918): Memorandum zur Denkmalpflege. - Berlin.

WITZLEBEN, I. v. (1931): Die ländlichen Ortsformen im Ostteil des Thüringer Beckens. - Diss., Jena.

Abbildungsverzeichnis

Abb.1 Bechstedtstraß, Kr. Weimar: Ortslage nach der Flurkarte von 1842 (MEITZEN 1872) und Analyse des Siedlungsgrundrisses (MEITZEN 1895). Zeichnung H. Wenzel.

Abb.2 Grundformen im Grundrißgefüge ländlicher Siedlungen des Weimarer Gebietes. 1 = Einzelhof, 2 = Straßenzeile, 3 = Sackgasse, 4 = Platzkern, 5 = Insula. Zeichnung H. Wenzel.

Abb. 3 Planschemata ländlicher Siedlungen, die auf der ‚Zeile' als Elementarform aufbauen. Zeichnung H. Wenzel.

Abb. 4 Linda, Kr. Pößneck: Weideanger in der Dorfmitte. Foto K. Püschel.

Abb. 5 Die Wüstungen auf dem Kötsch und an 11 m und Magdel, Kr. Weimar. Zeichnung H. Wenzel.

Abb. 6 Flurkarte Mechelroda 1856. Zeichnung H. Wenzel.

Abb. 7 Tagelöhnerhäuser Mechelroda Hr. 28 und 35. Aufmaß und Zeichnung H. Wenzel.

Abb. 8 Dorfplanung Mechelroda 1965: Bebauungsstudie. Diplomarbeit M. Asmuss, HAB Weimar.

Abb. 9 Werbung für ein imaginäres Wohngebiet bei Maina, Kr. Weimar Ausschnitt Tageszeitung.

Abb. 10 Dorfplanung Berlstedt 1966: Bebauungsstudie. Diplomarbeit D. Grevsmühl, K.-H. Welsch. HAB Weimar.

Abb. 11 Denkmal einer Genossenschaftsbäuerin vor dem Kulturhaus in Berlstedt. Foto H. Wenzel.

Abb. 12 Studie zu einem Freilichtmuseum für Thüringen, Modellfoto. Pflichtentwurf 1970, B. Stude, H.-U. Wittich. Betreuung K. Püschel, H. Wenzel. HAB Weimar

Abb. 13 Wohnstallhaus Eichelborn Hr. 10 auf dem Standort des Museumsdorfes Witteroda bei Hohenfelden. Foto H. Wenzel.

Abb. 14 Obstdarre aus Tonndorf in situ. Foto M. Schuster.

Abb. 15 Gutendorf, Kr. Weimar: Ortslage 1841 (oben) und 1953 (unten). Zeichnung H. Wenzel.

Abb. 16 Aufmaß einer Straßenzeile von Ettersburg, Kr. Weimar, oben um 1860, unten 1965. Zeichnung H. Wenzel.

KOMMUNALE SELBSTBESTIMMUNG UND VERWALTUNG AUF DEM LANDE

von

Friedhelm Stork[1]

Zusammenfassung:

Die Frage der Verwaltungskraft ist der zentrale Punkt der Auseinandersetzung über die Qualität der ländlichen Verwaltung und die Aufgabenerfüllung durch die kommunale Selbstbestimmung. Bei allen Überlegungen zur Neuordnung der Verwaltungsstrukturen auf der kommunalen Ebene darf es eine Degradierung der kleinen Landgemeinden nicht geben. Die Erhaltung ihrer politischen Identität ist eine der Voraussetzungen zur Entfaltung und Weiterentwicklung kulturellen Lebens und zur Erhaltung kultureller Traditionen auf dem Lande. Nirgendwo ist die Chance der Beteiligung des Bürgers an der politischen Willensbildung größer als in der kleinen Gemeinde.

Im Land Brandenburg wird es deshalb eine landesweite gebietliche Neugliederung nicht geben. Die kommunale Selbstverwaltung bleibt auch in den vielen Klein- und Kleinstgemeinden erhalten. Der Konflikt, der einerseits durch den Verzicht auf eine Maßstabsvergrößerung der Gemeinden und andererseits aus der Notwendigkeit entsteht, die mangelnde Leistungsfähigkeit der ländlichen Verwaltung zu beseitigen, ist in Brandenburg durch die Amtsordnung gelöst worden. Mit der flächendeckenden Bildung von Ämtern entsteht eine neue lokale Verwaltungsstufe, die mit dem notwendigen Fachpersonal die Verwaltungsgeschäfte der amtsangehörigen Gemeinden wahrnimmt.

---

[1] Dr. Friedhelm Stork, Ministerium des Innern des Landes Brandenburg, Henning-von-Tresckow-Str. 9-13, O-1561 Potsdam

Summary:

The question of administrative efficiency is the central issue of the controversy about the quality of rural administration and the functions to be performed by local authorities in their own right. The proposals to reorganise the administrative structures at the local level must by no means result in small rural communities being downgraded. Maintaining their political identity is one of the prerequisites for the preservation of cultural traditions and for cultural life to evolve and flourish in the country. Nowhere else are the citizens' opportunities to participate in political decision-finding processes greater than in small communities.

This is the reason why there will be no statewide reform of administrative areas in the State of Brandenburg. The principle of local self-government will be upheld even as fas as the numerous small and very small communities are concerned. In a move to resolve the conflict arising from the fact that existing communities will not be merged to form larger units while, on the other hand, there is a need to remedy the shortcomings of rural administration, the State of Brandenburg has enacted the so-called Amtsordnung, a statute providing for the establishment of Aemter, i.e. administrative bodies responsible for several smaller communities, thus creating a new tier of local administration with adequately qualified staff to perform the administrative functions and duties of the communities grouped together into an Amt.

Das Thema veranlaßt, zunächst zu erörtern, was unter dem Begriff "auf dem Land" verstanden wird. Je nach Standort wird die ländliche Gemeinde unter verschiedenen Blickwinkeln betrachtet.

Aus der Sicht der Bürger wird eine Gemeinde mit 5.000 Einwohnern für "groß" gehalten und eine Nachbargemeinde mit 2.000 Einwohnern als "klein" angesehen. Der Bürger in einer Gemeinde mit 20.000 Einwohnern sieht wiederum die Gemeinde mit 5.000 Einwohnern als eine kleine Gemeinde an. Aus solchen subjektiven Auffassungen sind rationale Kriterien für die Zuordnung von Gemeinden zum ländlichen Raum nicht abzuleiten.

Auch die statistische Gewohnheit, alle Gemeinden bis zu 5.000 Einwohnern dem ländlichen Bereich zuzuordnen, führt zu einer oberflächlichen Differenzierung zwischen ländlicher Gemeindestruktur und städtischem Verdichtungsraum. Denn der ländliche oder städtische Charakter einer Gemeinde hängt nicht allein von ihrer Größe ab.

In der Literatur hat es verschiedene Ansätze gegeben, die Gemeinden nach Gemeindetypen zu klassifizieren. Manche Untersuchungen stützen sich als Abgrenzungskriterium auf sog. Verdichtungszonen, denen alle Gebiete mit einer bestimmten Einwohnerdichte zugeordnet werden. Andere Untersuchungen wählen das Merkmal der Industriebeschäftigten in Relation zu Einwohnerzahlen als Bestimmungskriterium für die Zuordnung einer Gemeinde zum ländlichen Raum.

Auch Funktionen des Sozialgefüges werden für die Bestimmung von Landgemeinden herangezogen. Nach diesen Differenzierungen ist der ländliche Raum

- Wohngebiet der ländlichen Bevölkerung und der Menschen aus industriellen Verdichtungsgebieten,

- Standort des ländlichen Gewerbes mit dezentralisierter Industrie,

- Standort der landwirtschaftlichen Erzeugung,

- Erholungsgebiet für die industrielle Gesellschaft.

Alle diese Typisierungsversuche lassen eine eindeutige, auf alle Größengruppen der Gemeinden passende und von ihnen anerkannte Abgrenzung nicht ohne weiteres zu. Denn bei der kommunalen Selbstbestimmung und Verwaltung auf dem Lande stellt sich gegenüber jeder ländlichen Gemeinde die Frage der Leistungsfähigkeit oder der Verwaltungskraft dieser kleineren Einheiten. Der formal postulierten Rechtsgleichheit aller Gemeinden untereinander steht eine faktische Ungleichheit und Unvergleichbarkeit gegenüber. Wichtigster Ausdruck der Ungleichheit ist unbestritten die unterschiedliche Leistungs- und Verwaltungskraft kleiner und großer Gemeinden. Die Frage der Verwaltungskraft ist daher auch der zentrale Punkt der Auseinandersetzung über die Qualität der ländlichen Verwaltung und die Aufgabenerfüllung durch die kommunale Selbstbestimmung.

Die Meinungen darüber, ob eine kleine Gemeinde noch leistungsfähig oder bereits leistungsunfähig ist, ob sie eine noch ausreichende Verwaltungskraft besitzt oder einen Mindeststandard schon unterschritten hat, gehen häufig auseinander. Dies liegt daran, daß sich ein einheitliches Leitbild über Umfang, Zuschnitt und Mindestausrüstung einer modernen ländlichen Verwaltung nicht durchgängig gebildet hatte. Es mußte daher nach Möglichkeiten gesucht werden, die untere Grenze der Leistungs- und Verwaltungskraft für kommunale Verwaltungseinheiten in ländlichen Gebieten nach objektiven Merkmalen festzulegen. Dazu liegen Untersuchungen vor, die sich auf die Verhältnisse in den alten Bundesländern stützen. Sie haben für die interne Leistungsfähigkeit der Verwaltungen ländlicher Gemeinden Anhaltspunkte geliefert, die eine Festlegung der unteren Grenzen technischer und personeller Grundausstattung für die Erfüllung der Verwaltungsaufgaben ländlicher Gemeinden ermöglichen.

Noch wichtiger ist aber, die Grenze der Leistungskraft kleiner kommunaler Verwaltungseinheiten für Verwaltungsleistungen zugunsten des einzelnen Bürgers zu bestimmen, also Kriterien für die externe Leistungsfähigkeit der kleinen Gemeinden festzulegen. Auch dazu sind aus verschiedenen Planungsgutachten der alten Bundesländer Erfahrungswerte abzuleiten, die im einzelnen kritisiert werden können, die aber in der Tendenz weitgehend der Wirklichkeit entsprechen dürften. Danach kann eine Verwaltungseinheit, die weniger als etwa 5.000 Einwohner hat, nur ganz wenige interne und externe Verwaltungsleistungen, wie sie auch von ländlichen Gemeinden gefordert werden, mit genügender Wirtschaftlichkeit übernehmen.

Aus der Zusammenschau aller Untersuchungen über die Grenzen der Verwaltungskraft von Gemeinden ergibt sich, daß in ländlichen Gebieten bei Gemeinden unter 5.000 Einwohnern vermutet werden muß, daß sie keine ausreichende Verwaltungskraft mehr besitzen. Dabei wird sich zukünftig die generelle Leistungskraftgrenze eher zu 10.000 Einwohnern als zu weniger als 5.000 Einwohnern hin verschieben. Bei diesem Ergebnis läßt sich leicht erklären, warum manche nach einer kommunalen Flurbereinigung der ländlichen Gebiete auch in den neuen Bundesländern rufen. Denn die neuen Bundesländer haben ein kleinräumiges Raster der Gemeindeverwaltungen, bei dem zu fragen ist, ob es unter zukünftigen verwaltungswirtschaftlichen Gesichtspunkten aufrechterhalten bleiben kann.

Vielfach wird die Meinung vertreten, daß jeder kleine Wohnplatz, aber auch jede Großstadt eine individuelle örtliche Gemeinschaft sei, der auch eine eigene Verwaltungsorganisation beigegeben werden müsse. Eine so weitgehende Übereinstimmung zwischen örtlicher Gemeinschaft und eigener verwaltungsrechtlicher Handlungsfähigkeit kann nicht gefordert werden, wenn man sich die Zukunftsgestaltung für die ländlichen Gemeinden vor Augen hält.

Eine sorgfältige Zukunftsplanung wird heute von den meisten kleinen Gemeinden auch in den neuen Bundesländern anerkannt. Sie sind entschlossen, mit Unterstützung von Fachleuten zu Entscheidungshilfen zu kommen, die den Abstand zwischen dem wirklichen Zustand und der voraussichtlichen Entwicklung verringern können. Im Unterschied zur großen Gemeinde unterliegt die kleine Gemeinde bei Zukunftsplanungen dem unmittelbaren Druck der Interessenten. Ein Problem der Zukunftsplanung ist die ungenügende Sicherung der Gemeinde gegen den Druck von Bauinteressenten. Einflußreichen Baugesellschaften und Investoren gelingt es immer wieder, neue Baulandausweisungen zu erwirken, weil sie Nachfolgeeinrichtungen versprechen, von denen die Gemeinde bisher nur geträumt hat. Eine andere Schwierigkeit besteht darin, daß jede Gemeinde zur Wahrnehmung ihrer Aufgaben eines gewissen Bestandes an Grundstücken bedarf. Abgesehen von den erheblichen Schwierigkeiten, die immer noch bei der Klärung offener Eigentumsfragen bestehen, trifft die kleinen Gemeinden, insbesondere im Stadtumland, der Preisboom bei Grundstücken. Der Erwerb dringend erforderlicher Grundstücke ist daher oft nur möglich, wenn mit Steuergeldern Spekulationsgewinne der Grundstückseigentümer aufgefangen werden. In vielen Fällen stößt ein solches Vorgehen jedoch entweder an die Grenzen der finanziellen Leistungskraft gerade der kleineren Gemeinden oder sie binden für Grundstückskäufe soviel öffentliche Mittel, daß dringende bauliche Maßnahmen nicht oder nicht zeitgerecht in Angriff genommen werden können.

Hauptproblem der Zukunftsgestaltung ist jedoch eine gesunde Strukturierung der kleinen Gemeinden, und zwar sowohl im wirtschaftlichen wie auch im sozial-politischen Sinne.

Schafft es eine Gemeinde nicht, jedenfalls im gewissen Umfang Arbeitsplätze am Ort zur Verfügung zu stellen, gibt sie sich als selbständiges Gemeinwesen weitgehend auf. Andererseits ist die Ansiedlung geeigneten Gewerbes für viele kleine Gemeinden recht mühsam. Denn was der einen Gemeinde z. B. durch eine ungünstige Verkehrslage unmöglich gemacht wird, ist der anderen

Gemeinde aus Gründen des Umweltschutzes verwehrt.

Eine Degradierung der kleinen Gemeinden darf es dennoch nicht geben. Sie haben künftig wichtige Aufgaben zu erfüllen. Die ländlichen Gemeinden bleiben Standort der landwirtschaftlichen Produktion, des ländlichen Gewerbes und sind Wohnort der Landbevölkerung. Sie können zunehmend Dienstleistungsbetriebe aufnehmen und haben wichtige Funktionen als Erholungsgebiete und bei der Pflege der Kulturlandschaft. In den ländlichen Gemeinden muß jedoch noch viel geschehen, damit sie den neuen Aufgaben gerecht werden können. An die Zusammenarbeit zwischen den Gemeinden, an das Unterordnen zum Wohle aller werden daher große Anforderungen gestellt. Aber nur durch diese Bereitschaft wird es gelingen, daß die durch den Wandel ausgelösten neuen Aufgaben von den ländlichen Gemeinden bewältigt werden können. Dazu müssen den ländlichen Gemeinden in den neuen Bundesländern gleiche Startchancen eingeräumt werden, damit trotz schwieriger Ausgangsbedingungen ein Mindeststandard im Sinne der Herstellung gleichwertiger Lebensverhältnisse bald erreicht wird.

In den folgenden Ausführungen soll näher auf die Situation im Land Brandenburg eingegangen, die Entscheidungshintergründe und -abläufe von Landesregierung und Landtag beleuchtet und die Konzepte zur Stärkung der kommunalen Verwaltungsstruktur dargestellt werden. Der Verfasser legt den Schwerpunkt der Betrachtung auf das Land Brandenburg, weil er aus einer mehr als einjährigen Tätigkeit im Innenressort dieses Landes die Verhältnisse kennt und an der Erarbeitung von Reformvorschlägen für die Neustrukturierung sowohl der Gemeindeebene als auch der Landkreisebene mitgewirkt hat.

Am 14. Oktober 1990 fanden im neuen Bundesland Brandenburg die ersten Landtagswahlen statt. Eine Regierung aus SPD, F.D.P. und Bündnis 90 übernahm in Brandenburg die politische Verantwortung. Im neuen Landtag und in der neuen Landesregierung fanden die Städte, Gemeinden und Landkreise zugleich ihre staatlichen Ansprechpartner. Bis zu diesem Zeitpunkt haben die Kommunen in eigener Verantwortung das örtliche Geschehen aufrechterhalten und den Neuanfang der Selbstverwaltung, wie sie durch die Kommunalverfassung vom 17. Mai 1990 wieder eingeräumt wurde, unter schwierigen Ausgangsbedingungen eingeleitet.

Manche haben heute das Gefühl, daß der Aufbau der Verwaltungen mit kompetenten Ansprechpartnern für die Wirtschaft, andere gesellschaftliche Gruppen und vor allem für die Bürgerinnen und Bürger nicht zügig genug vorangeht. Die Ungeduld der Menschen ist verständlich. Sie sind es leid, bei Behördengängen lange Wartezeiten zu ertragen und auf für sie wichtige Entscheidungen Wochen und Monate zu warten.

Bei aller Kritik an der neuen öffentlichen Verwaltung sollte aber nicht übersehen werden, daß die Stunde "Null" nicht einmal zwei Jahre zurückliegt und daß sich die Bediensteten bei den staatlichen und den kommunalen Behörden auf allen Rechtsgebieten einer Neuorientierung gegenüber sahen. Die Rechtsanwendung, die vielen geschulten Verwaltungspraktikern auch der westlichen Bundesländer zunehmend Schwierigkeiten bereitet, muß erst geübt und beherrscht werden, damit sie zum Nutzen der Bevölkerung umgesetzt werden kann. Es ist eben nicht möglich, sozusagen per Knopfdruck von einer zentralistischen Weisungsverwaltung auf eine demokratisch verfaßte Verwaltung umzustellen.

Für das Land Brandenburg hatte von Anfang an hohe Priorität, eine staatliche Behördenorganisation aufzubauen und für die kommunale Administration in die Zukunft weisende Grundlagen zu entwerfen.

Mit dem Gesetz zur Verwaltungsorganisation im Land Brandenburg (Landesorganisationsgesetz) vom 25. April 1991 (GVBl. BB. S. 148) hat der Landtag Brandenburg entschieden, daß für dieses neue Bundesland der zweistufige Verwaltungsaufbau für die Behördenorganisation gilt. Auf eine staatliche Mittelinstanz, etwa Regierungspräsidenten oder einem zentralen Landesverwaltungsamt, wird verzichtet. Die Landesbehörden werden durch das Landesorganisationsgesetz in oberste Landesbehörden/Landesoberbehörden einerseits und in untere Landesbehörden andererseits eingeteilt.

Die Landesoberbehörden wie die unteren Landesbehörden werden im Landesorganisationsgesetz abschließend genannt. Die zusätzliche Einrichtung solcher Behörden ist nur durch Gesetz oder auf Grund eines Gesetzes zugelassen. Obere und untere Landesbehörden sind für solche staatlichen Aufgaben eingerichtet, die wegen des hohen Spezialisierungsgrades nicht von anderen Verwaltungsträgern (wie z. B. den Kommunen) wahrgenommen werden können. Diese Beschränkung bedeutet zugleich, daß das Land Brandenburg entschlossen ist, alle anderen nicht von staatlichen Behörden wahrzunehmenden Aufgaben im Wege der gesetzlichen Übertragung auf der kommunalen Ebene anzusiedeln. Diese Grundsatzentscheidung schließt ein großes Vertrauen in die künftige kommunale Leistungsfähigkeit ein, erhöht die Stellung der kommunalen Selbstverwaltung beim Aufbau der Landesverwaltung und stärkt die Mitwirkung der Kommunen bei der Landesverwaltung.

Die Betonung des kommunalen Elements in der Verwaltung des Landes Brandenburg durfte allerdings nicht die Frage außer acht lassen, ob die bestehende Gemeindestruktur den künftigen Anforderungen gerecht werden kann. Brandenburg umfaßt mit seinen 29.056 Quadratkilometern etwa 26,8 Prozent der Fläche der ehemaligen DDR und etwa 8,1 Prozent der Fläche des vereinten Deutschlands. Nur vier andere Bundesländer sind flächenmäßig größer als Brandenburg. Nach Mecklenburg-Vorpommern ist das Land Brandenburg mit 90 Einwohnern je Quadratkilometer das am schwächsten besiedelte deutsche Bundesland. Eine Bestandsaufnahme der Gemeindestruktur zeigt, daß das dünn besiedelte Land aus vielen Klein- und Kleinstgemeinden dörflicher Idylle besteht. Die Statistik gibt darüber deutlichen Aufschluß (s. Tab.1).

Die Bestandsaufnahme weist nach, daß die Einwohnerdichte der einzelnen Gemeindegruppen stark voneinander abweicht; bei den kreisfreien Städten liegt sie bei 978 Einwohnern je qkm, bei den kreisangehörigen Gemeinden mit mehr als 10.000 Einwohnern bei 431 Einwohnern je qkm. In den kreisfreien Städten und den größeren kreisangehörigen Gemeinden leben rd. 52 v. H. aller Einwohner des Landes, während diese Gemeindegruppen nur einen Flächenanteil von 8,5 v.

Tab. 1) Die Kommunalen Körperschaften im Land Brandenburg

Kommunale Körperschaften	Anzahl	Einwohner	Fläche qm	Einw. je qm	Einw. anteil a.d.Gesamteinwohnerzahl
Land Brandenburg insgesamt	1.793	2.608.084	29.055,9	90	-
darunter					
kreisfreie Städte	6	549.704	592,8	978	21,1
kreisangehörige Gemeinden	1.787	2.058.380	28.463,1	72	78,9
darunter					
> 10.000 E.	41	807.480	1.873,1	431	31,0
5.000 - 10.000 E.	38	247.208	1.032,9	239	9,5
< 5.000 E.	1.708	1.003.692	25.556,9	39	38,4
darunter					
< 500 E.	1.164	337.011	14.450,1	23	12,9
darunter					
< 200 E.	338	-	-	-	-

H. an der gesamten Landesfläche haben. Schon aus diesen Vergleichen wird die Weitläufigkeit des Landes mit seiner dünnen Besiedlung deutlich. Ein Blick in die Struktur der Gemeinden unter 5.000 Einwohner belegt noch nachdrücklicher den ländlichen Charakter des Landes: Die 1708 Gemeinden unter 5.000 Einwohner haben einen Anteil von 88 v. H. an der gesamten Gebietsfläche; ihr Einwohneranteil beträgt aber nur rd. 38 v. H. Folglich ist auch die Einwohnerdichte dieser Gemeinden äußerst gering. In allen Gemeinden unter 5.000 Einwohnern entfallen durchschnittlich 39 Einwohner auf den Quadratkilometer. Bei den 1164 Gemeinden unter 500 Einwohnern nimmt die Einwohnerdichte noch weiter ab; sie beträgt hier noch 23 Einwohner je Quadratkilometer. Die kleinste Gemeinde im Land Brandenburg ist die Gemeinde Basdorf im Landkreis Neuruppin; sie hat 31 Einwohner und die Einwohnerdichte ist dort noch 4 Einwohner je Quadratkilometer.

Von den 1.787 kreisangehörigen Gemeinden haben 1.043 Körperschaften hauptamtliche Bürgermeister; die Verwaltungen von 744 Gemeinden wurden von ehrenamtlichen Bürgermeistern geleitet (Stand: Dezember 1991). Die große Masse aller kreisangehörigen Gemeinden verfügt nicht über eine fachlich gegliederte Verwaltung. Deshalb haben die Landkreise allzu oft Verwaltungsaufgaben für die vielen Klein- und Kleinstgemeinden mit übernehmen müssen und sich nicht nur auf die Aufsicht beschränkt. Bei den Kreisen in der ehemaligen DDR war der Großteil der den örtlichen Ebenen zur Verfügung stehenden Verwaltungsressourcen an Personal, Finanzen und technischer Ausstattung konzentriert. In bezug auf die Stellung der kreisangehörigen Städte und Gemeinden wirkte sich das hohe Ausstattungsniveau der Kreise umgekehrt proportional in einer reduzierten Verwaltungskraft aus. Die von dem Prinzip einer stark vertikalen Integration geprägten Verwaltungsbeziehungen zwischen den einzelnen staatlichen Ebenen ließen es als systemkonform erscheinen, daß die Kreise in eigener Zuständigkeit für die Städte und Gemeinden kommunale Aufgaben mit wahrnahmen sowie Entscheidungsverfahren der Räte der Städte und Gemeinden kraft der in der Kreisverwaltung versammelten Fachkenntnisse direkt anleiteten.

Daß dieser Zustand der Gemeindestruktur im Land Brandenburg nicht aufrechterhalten bleiben konnte, liegt auf der Hand.

Für Landesregierung und Landtag kam es darauf an, Lösungen zu finden, die einerseits die Verwaltungsschwäche der meisten kreisangehörigen Gemeinden des Landes auffangen konnten und andererseits die Leistungsfähigkeit der kommunalen Selbstverwaltung in den Landkreisen verbesserten.

Für die Gemeinden besteht von aus Verfassungsgründen die institutionelle Garantie der kommunalen Selbstverwaltung. Sie bedeutet jedoch nicht, daß jeder Gemeinde im einzelnen Bestand und Gebietsumfang gewährleistet ist. Das Land hätte also - gestützt auf die einschlägigen Vorschriften der Kommunalverfassung vom 17. Mai 1990 - auch gegen den Willen der beteiligten Gemeinden eine umfassende gebietliche Neuordnung in Angriff nehmen können. Zu einer solchen generellen kommunalen Flurbereinigung hat sich das Land Brandenburg nicht entschieden.

Dafür gab es gute Gründe: Eine Gemeinde, die einer größeren eingegliedert oder mit anderen kleinen Gemeinden zu einer größeren zusammengefaßt wird, verliert nicht nur ihre politische Identität, sie verliert zugleich wesentliche Teile ihres gemeindlichen Selbstbewußtseins, das bestimmend ist für die Entfaltung kulturellen Lebens und für die Erhaltung kultureller Traditionen. Vergleichende Beobachtungen bei ähnlich strukturierten selbständigen Gemeinden und unselbständigen Ortschaften einer größeren Gemeinde zeigen, daß das kulturelle Leben in einer selbständigen Gemeinde in aller Regel wesentlich blühender ist als in dem vergleichbaren Ortsteil der größeren Nachbargemeinde. Sie zeigen weiter, daß kulturelle Traditionen von dem Augenblick an verloren gehen, wo die Gemeinde auch ihre politische Identität aufgibt. Zudem ist die Chance der Beteiligung des Bürgers an den politischen Angelegenheiten nirgendwo so groß wie in der kleinen Gemeinde. Der unmittelbare Kontakt zum Bürgermeister und zur gewählten Gemeindevertretung, der Kontakt also zwischen Wähler und Repräsentant, ist vorhanden und oft sehr eng.

Politische Entscheidungen können gewissermaßen an Ort und Stelle überprüft und oft auch korrigiert werden. Zu beachten war ferner, daß die Gemeinden die kommunale Selbstverwaltung erst im Mai 1990 zurückerhalten haben; sie wäre bei einer umfassenden gebietlichen Neugliederung durch Landesgesetz wieder zerstört worden.

Alle diese Gesichtspunkte führten - unter Berücksichtigung der Struktur des Landes und der psychologischen wie politischen Bedingungen im Lande - zu der Entscheidung, daß es in Brandenburg eine allgemeine kommunale Neugliederung nicht geben sollte. Freiwillige Änderungen der Gemeindegrenzen durch die beteiligten Gemeinden sind durch den Verzicht auf eine landesweite gebietliche Neugliederung nicht ausgeschlossen worden. Im Gegenteil: Das Land Brandenburg hat sich ausdrücklich dazu bekannt, freiwillig zustandekommende Gebietsänderungen zu unterstützen und zu fördern.

Mit der Entscheidung, die kleinen Gemeinden zu erhalten und keine Großgemeinden zu schaffen, mußte die Stärkung der Leistungsfähigkeit der ländlichen Verwaltung auf anderem rechtlich-organisatorischen Weg erreicht werden. Dazu sind alle in den westlichen Bundesländern entwickelten und praktizierten Modelle darauf untersucht worden, ob sie den besonderen Bedingungen im Land Brandenburg Rechnung tragen können. Die Modelle der "Verbandsgemeinde" und der "Samtgemeinde" waren für Brandenburg nicht geeignet, weil sie für ihre Mitgliedsgemeinden wichtige Aufgaben des eigenen und des übertragenen Wirkungskreises erfüllen und die Mitgliedsgemeinden damit auf weniger wichtige Aufgaben einschränken. Das hätte der Zielsetzung nicht entsprochen, allen Gemeinden die volle Selbstverwaltung und Selbstverantwortung für alle Aufgaben der örtlichen Gemeinschaft zu belassen.

Die nach der Kommunalverfassung möglichen Verwaltungsgemeinschaften und gemeinsamen Verwaltungsämter, die sich auch in Brandenburg gebildet hatten, konnten nicht garantieren, daß sie die notwendigen Wirkungsmöglichkeiten gegenüber den Mitgliedsgemeinden entfalten können. Weder die Verwaltungsgemeinschaft noch das gemeinsame Verwaltungsamt sind Körperschaften des öffentlichen Rechts, so daß sie keine Rechtsfähigkeit haben und nicht Träger von Rechten und Pflichten als juristische Person sind. Diesen kommunalen Organisationsformen haftet vor allem der Mangel an, daß die Verwaltung der bürgerlichen Kontrolle entzogen ist. Denn es gibt weder eine gewählte Vertretungskörperschaft noch einen gemeinsamen politischen Repräsentanten.

Die Überlegungen zur Beseitigung der Verwaltungsschwäche der vielen Klein- und Kleinstgemeinden konzentrierten sich in Brandenburg nach gründlicher Prüfung aller Vor- und Nachteile auf das Modell der "Amtsverfassung", wie es in Schleswig-Holstein Bestandteil des kommunalen Verfassungsrechts ist und dort mit Erfolg als kommunale Organisationsform praktiziert wird. Die Ämterverfassung bedeutet verwaltungsmäßige Konzentration, aber Aufrechterhaltung der kommunalen Selbstverwaltung und der gemeindlichen Willensbildung der einem Amt angehörenden Gemeinden. Die Amtsverfassung zielt nicht auf die Aushöhlung der Selbstverwaltung und damit auf eine Entziehung der den Kern der Selbstverwaltung bildenden Tätigkeit der Gemeinden ab, sondern im Gegenteil auf deren möglichste Bewahrung. Die Ämter als kommunale Organisationsform sollen die Gemeinden in der Durchführung von Verwaltungsaufgaben unterstützen und vor allem den kleineren Gemeinden solche Aufgaben abnehmen, die hauptamtliche Fachkräfte erfordern. Das Amtsmodell entsprach damit am besten den geographischen und strukturellen Bedingungen im Land Brandenburg, aber auch den psychologischen und politischen Voraussetzungen in dem neuen Bundesland am ehesten.

Die Diskussion über die Einführung der Amtsverfassung in Brandenburg wurde breit angelegt und ausführlich betrieben. Zu einem ersten Entwurf einer Amtsordnung des Ministers des Innern haben fast jede dritte Gemeinde und alle Landkreise sowie die kommunalen Spitzenverbände von April bis Juni 1991 Stellung genommen. Das Ergebnis des Anhörungsverfahrens vermittelte ungewöhnlich breite Zustimmung zur Einführung der Amtsverfassung in Brandenburg, und zwar einhellig bei den Landräten und den kommunalen Spitzenverbänden und mit sehr großer Mehrheit bei den am Anhörungsverfahren beteiligten Gemeinden.

Dieses Meinungsbild ermunterte die Landesregierung, das Gesetzgebungsvorhaben zur Einführung der Amtsordnung beschleunigt auf den Weg zu bringen. Am 1. Oktober 1991 verabschiedete die Landesregierung den Entwurf der Amtsordnung für das Land Brandenburg; bereits einen Tag später wurde der Gesetzentwurf in den Landtag eingebracht. Das Parlament beschloß das Gesetz am 12. Dezember 1991 mit großer Mehrheit; es wurde im Gesetz- und Verordnungsblatt für das Land Brandenburg vom 30. Dezember 1991 verkündet und ist am 31. Dezember 1991 in Kraft getreten.

Der Bildung der Ämter in Brandenburg, ihrer Aufgaben, ihrer Organisation und Finanzierung liegt folgendes Konzept zugrunde:

1. Ämterbildung

Für die erstmalige Einführung von Ämtern bietet die Amtsordnung drei Modelle an. Bei Modell 1 können sich mindestens 5 kreisangehörige Gemeinden mit insgesamt nicht weniger als 5.000 Einwohner zu einem Amt zusammenschließen und eine neue Amtsverwaltung bilden. Bei Modell 2 stellt eine amtsangehörige Gemeinde mit mindestens 5.000 Einwohnern ihre hauptamtliche Verwaltung als Amtsverwaltung für ein aus mindestens 4 weiteren amtsangehörigen Gemeinden gebildetes Amt zur Verfügung.

Bei Modell 3 stellt eine amtsfreie Gemeinde ihre hauptamtliche Verwaltung einem Amt zur Verfügung, das von den angrenzenden amtsangehörigen Gemeinden gebildet worden ist.

In der Wahl, welches von den drei Modellen für die Amtsverwaltung in Betracht kommt, sind die beteiligten Gemeinden frei. Nach Beratung durch die Rechtsaufsichtsbehörde muß die Ämterbildung innerhalb von 6 Monaten - also bis spätestens zum 30.6.1992 - landesweit abgeschlossen sein. Die Ämterbildung geht von dem Freiwilligkeitsprinzip aus; die Initiative der betroffenen Gemeinden hat Vorrang. Für Fälle, in denen gemeinverträgliche Lösungen nicht zustandekommen, sieht die Amtsordnung ein Anordnungsrecht des Ministers des Innern vor.

Ämter können grundsätzlich nur von Gemeinden gebildet werden, die demselben Landkreis angehören. Dieses Prinzip ist wegen der Klarheit des Verwaltungsaufbaues erforderlich. Für eine Übergangszeit bis zum Inkrafttreten der für das Land Brandenburg vorgesehenen, flächendeckenden Kreisgebietsreform ist gesetzlich zugelassen, daß Ämter auch über bestehende Kreisgrenzen hinaus gebildet werden können.

Mit dieser Ausnahmeregelung ist den berechtigten Forderungen vieler Gemeinden Rechnung getragen worden, daß der Aufbau einer neuen örtlichen Verwaltungsstruktur im Land Brandenburg nicht an den Grenzen der im Jahre 1952 unter dem Diktat des früheren SED-Staates willkürlich bestimmten Gebietsabgrenzungen der Landkreise halt machen darf. Mit der neu zu schaffenden Verwaltungsstruktur besteht die Chance, historisch gewachsene örtliche Verbindungen und landschaftliche Zusammenhänge nach dem Willen der betroffenen Gemeinden wieder herzustellen.

2. Aufgaben der Ämter

Die Aufgaben der Ämter werden durch die Amtsordnung fest umrissen. Ämter sind danach zuständig für

- die Wahrnehmung der durch Gesetz oder Verordnung übertragenen Pflichtaufgaben zur Erfüllung nach Weisung,

- die Vorbereitung und Durchführung der Haushaltspläne der amtsangehörigen Gemeinden,

- die Besorgung der Kassen- und Rechnungsführung für die amtsangehörigen Gemeinden sowie

- die Veranlagung und Erhebung der Gemeindeabgaben.

Daneben besteht für die Ämter eine allgemeine Beratungs- und Unterstützungspflicht der amtsangehörigen Gemeinden bei ihren gesetzlichen Aufgaben. Die Entscheidung in allen Selbstverwaltungsaufgaben verbleibt bei den amtsangehörigen Gemeinden. Ihnen obliegt auch die Beschlußfassung über die jährliche Haushaltssatzung mit dem Haushaltsplan. Das Amt erfüllt Selbstverwaltungsaufgaben der amtsangehörigen Gemeinden nur dann an deren Stelle, wenn mehrere Gemeinden dies beschließen. Eine Rückübertragungsmöglichkeit vom Amt auf die amtsangehörigen Gemeinden ist gesetzlich vorgesehen, wenn sich die Verhältnisse, die der Übertragung zugrunde lagen, wesentlich geändert haben.

3. Organisation des Amtes

Die Organe des Amtes sind der Amtsausschuß und der Amtsdirektor.

Der Amtsausschuß setzt sich aus den Bürgermeistern der amtsangehörigen Gemeinden sowie aus je einem weiteren Mitglied zusammen, das aus der Mitte der Gemeindevertretung gewählt wird. Der Amtsausschuß trifft alle für das Amt wichtigen Entscheidungen und überwacht deren Durchführung durch die Amtsverwaltung.
Geleitet wird die Amtsverwaltung vom hauptamtlichen Amtsdirektor, der für die Dauer von 8 Jahren vom Amtsausschuß gewählt und zum Wahlbeamten auf Zeit ernannt wird. Der Amtsdirektor ist der gesetzliche Vertreter des Amtes. Er führt die Geschäfte der laufenden Verwaltung des Amtes sowie der amtsangehörigen Gemeinden und vertritt das Amt auch repräsentativ. Nimmt eine amtsfreie Gemeinde die Geschäfte einer Amtsverwaltung wahr, so stehen dem hauptamtlichen Bürgermeister alle Rechte und Pflichten eines Amtsdirektors zu.

4. Finanzierung des Amtes

Das Amt ist eine Verwaltungseinrichtung der amtsangehörigen Gemeinden; es verwaltet deren Gebiete zum Besten ihrer Einwohner und ist an deren Stelle Träger von Aufgaben der öffentlichen Verwaltung. Die Tätigkeit des Amtes kommt also unmittelbar den amtsangehörigen Gemeinden zugute. Deshalb trifft die amtsangehörigen Gemeinden auch eine Finanzierungspflicht für die Ausgaben, die dem Amt aus der Wahrnehmung der ihm obliegenden Aufgaben entstehen. Zur Erfüllung dieser Finanzierungspflicht hat die Amtsordnung auf das Instrument der Amtsumlage zurückgegriffen. Ämter dürfen eine Amtsumlage erheben, soweit die sonstigen Einnahmen den Finanzbedarf nicht decken. Das Recht zur Erhebung von Steuern steht den Ämtern nicht zu.

Beim Erlaß der Amtsordnung spielte eine entscheidende Rolle, wie der Status der Bürgermeister der amtsangehörigen Gemeinden künftig gestaltet werden sollte. An anderer Stelle dieses Beitrages ist bereits erwähnt worden, daß von den 1.787 kreisangehörigen Gemeinden 1.043 Körperschaften hauptamtliche Bürgermeister haben, während die Verwaltungen von 744 Gemeinden von ehrenamtlichen Bürgermeistern geleitet werden.

Die Amtsordnung hat sich dazu entschieden, daß mit dem wirksamen Zustandekommen der Ämter die Bürgermeister der amtsangehörigen Gemeinden stets nur ehrenamtlich tätig sein können. Praktisch wirkt sich diese Regelung dahin aus, daß die vielen hauptamtlichen Bürgermeister, deren Gemeinden zu einem Amt zusammengeschlossen werden, ihr Beschäftigungsverhältnis zur Gemeinde aufgeben müssen und ihren "Broterwerb" verlieren. Eine solche Konsequenz hätte die Mitverantwortung des Gesetzgebers vernachlässigt, den Bürgermeistern auch nach Erlaß der Amtsordnung eine Lebensführungschance zu erhalten.

Zusammen mit den Mitgliedern der Gemeindevertretungen gehörten die vielen Bürgermeister zu den Menschen in der ehemaligen DDR, die sich zur Mitwirkung am Neuanfang der kommunalen

Selbstverwaltung zum Nutzen der Bürger bereiterklärt hatten. Manche unter ihnen haben dabei sichere berufliche Positionen in der Wirtschaft oder bei anderen Institutionen aufgegeben und sich in den Dienst der Allgemeinheit gestellt. Insbesondere denjenigen, die sich einer Wahl zum Bürgermeister gestellt haben und aus verwaltungsfremden Berufen kamen, wurden persönliche Opfer und Leistungen abverlangt, die jeden Rahmen des üblichen sprengen; sie waren Frauen und Männer der ersten Stunde. Erst durch ihre Bereitschaft und durch ihren Einsatz war es überhaupt möglich, die kommuale Selbstverwaltung in den Gemeinden in Gang zu bringen und ihr wieder Geltung zu verschaffen.

Vor diesem Hintergrund ist zu verstehen, daß die Amtsordnung den bisher hauptamtlichen Bürgermeistern verschiedene Möglichkeiten zur künftigen Sicherung ihres Lebensunterhalts anbietet. Im einzelnen sind dies:

- Ist der Bürgermeister ehrenamtlich tätig oder wird sein bisher hauptamtliches Beschäftigungsverhältnis in ein ehrenamtliches umgewandelt, so ist für eine Übergangszeit (begrenzt auf den Zeitraum der gegenwärtigen Wahlzeit) zugelassen, daß der Bürgermeister gleichzeitig in der Amtsverwaltung tätig sein kann.

- Hauptamtliche Bürgermeister, deren Funktion sich kraft Gesetzes in eine ehrenamtliche Funktion ändert, erhalten unter bestimmten, in der Amtsordnung festgelegten Voraussetzungen monatliche Ausgleichszahlungen bis zum Ende ihrer Wahlzeit, wenn sie nicht in der Amtsverwaltung oder im sonstigen öffentlichen Dienst weiter beschäftigt werden.

- Bürgermeister, die sich beruflich qualifizieren und die Teilnahme an einer konkreten Förderungsmaßnahme nachweisen, können anstelle der monatlichen Ausgleichszahlung einen einmaligen Festbetrag in Höhe von 4.500,-- DM erhalten.

Mit diesen Möglichkeiten glaubt die Amtsordnung dem finanziellen Schutzbedürfnis der Bürgermeister angemessen Rechnung zu tragen. Für die übrigen Gemeindebediensteten der amtsangehörigen Gemeinden sind die Ämter aufgefordert, eine Weiterbeschäftigung in der neuen Amtsverwaltung zu ermöglichen, wenn die Gemeindebediensteten über ausreichende Fachkenntnisse verfügen und bereit sind, an Fortbildungsveranstaltungen teilzunehmen.

Die Amtsordnung hat im Land Brandenburg die kommunalverfassungsrechtlichen Voraussetzungen für die Wahrnehmung der örtlichen Aufgaben durch die Ämter geschaffen. Die neuen Amtsverwaltungen müssen jetzt ihre Leistungsfähigkeit zum Besten der Einwohner der amtsangehörigen Gemeinden beweisen. Wichtig dabei ist, daß alle Gemeinden ihre Selbstverwaltung und Selbstbestimmung behalten, damit sich das örtliche Leben auch in den ländlichen Gemeinden im Sinne der Herstellung ausgewogener Lebensverhältnisse in allen Regionen des Landes Brandenburg weiterentwickeln kann. Der Fortschritt besteht nicht darin, das Gestern zu zerstören, sondern seine Essenz zu bewahren, welche die Kraft hat, das bessere Heute und Morgen zu schaffen.

Literatur

BOCKLET, R. (1973): Gemeindeverfassung und Gemeindereform, in: Aspekte und Probleme der Kommunalpolitik; Sonderausgabe der Landeszenrale für politische Bildung Nordrhein-Westfalen, S. 81 ff.

BOHLEY, P. (1991): Identität der Länder; Grundlage eines dauerhaften Föderalismus, in: Der Landkreis, 61. Jahrgang, Heft 8-9/1991, S. 497 ff.

HAUSCHILD, Ch.(1991): Die örtliche Verwaltung im Staats- und Verwaltungssystem der DDR; Osteuropa-Institut Berlin

HENKEL, G. (1991): Brauchen die neuen Bundesländer eine kommunale Gebietsreform?, in: Der Landkreis, 61. Jahrgang, Heft 8-9/1991, S. 501 ff.

KÖTTER, H. (1964): Heutige Anforderungen von Wirtchaft und Gesellschaft an die Leistungen ländlicher Selbstverwaltung, in: Archiv für Kommunalwissenschaften, Jahrgang 3/1964, S. 199 ff.

KÖTTGEN, A. (1964): Der Strukturwandel des flachen Landes als Verwaltungsproblem, in: Archiv für Kommunalwissenschaften, Jahrgang 3/1964, S. 155 ff.

LAUX, E. (1964): Untersuchungen über die Bildung von Planungsräumen und die Neuordnung der Verwaltungsgliederung, in: Wirtschaftsberatungs AG

LECLAIRE, A. (1973): Probleme der kleinen Gemeinde, in: Aspekte und Probleme der Kommunalpolitik; Sonderausgabe der Landeszentrale für politische Bildung Nordrhein-Westfalen, S. 271 ff.

MINISTER DES INNERN BRANDENBURG (1991): Ratgeber Amtsordnung für Landräte, Bürgermeister und kommunale Mandatsträger; eine Druckschrift, Potsdam

STORK, F. (1991): Aufbau der Landesverwaltung und Kommunalverwaltungen, in: der Landkreis, 61. Jahrgang, Heft 8-9/1991, S. 504 ff.

STORK,F./MUTH,M.(1992): Amtsordnung für das Land Brandenburg, Kommentar, Potsdam

WAGENER, F. (1964): Gemeindeverwaltung und Kreisverwaltung, in: Archiv für Kommunalwissenschaften, Jahrgang 3/1964, S. 237 ff.

GROSSGEMEINDEN ODER ÄMTER IN DEN NEUEN BUNDESLÄNDERN. WAS DIENT DER LÄNDLICHEN ENTWICKLUNG ?

von

Gerhard Henkel[1]

Zusammenfassung:

In den neuen Bundesländern bestehen fast ebenso viele selbständige Gemeinden (7.565) wie im Westen Deutschlands (8.506). Die Existenz gerade vieler kleiner Gemeinden auf dem Lande im Osten Deutschlands hat zahlreiche Diskussionen um eine kommunale Gebietsreform und / oder Verwaltungsreform ausgelöst. Der vorliegende Beitrag warnt davor, Eingemeindungen bzw. Großgemeinden per Gesetz zu verordnen (wie von 1965-75 teilweise im Westen geschehen). Es werden Argumente dafür vorgetragen, die Autonomie auch kleiner Gemeinden zu respektieren, diese aber zu Ämtern oder Verwaltungsgemeinschaften zusammenzufassen, um auch auf dem Lande starke Verwaltungen zu bekommen.

Summary:

[Großgemeinden oder Ämter in den neuen Bundesländern. Was dient der ländlichen Entwicklung ?] - In the new Lands of Germany, there are nearly as many autonomous local districts (7.565) as in the western parts of Germany (8.506). The mere existence of many general local districts in Germany's rual east has caused various discussions about reforming the structure of local districts and administration. The paper presented is to warn of legal acts that will incorporate smaller local districts into larger units, as has been

---

[1] Prof. Dr. Gerhard Henkel, Universität GHS Essen, FB 9 Institut für Geographie, Universitätsstraße 15, 4300 Essen

done in the west from 1965 to 1975. Reasons are presented in order both to respect the autonomy of smaller local districts as well as to combine these districts in administrative cooperatives that are to represent the rual areas effectively in the political arena.

Zu den vielfältigen "Empfehlungen", die derzeit von West- nach Ostdeutschland getragen werden, gehören die Ratschläge zu einer baldmöglichen kommunalen Gebietsreform. Insbesondere wird den neuen Bundesländern empfohlen, die vielen kleinen ländlichen Gemeinden aufzulösen und nach NRW-Vorbild zu Groß- oder Einheitsgemeinden zusammenzuschließen. Für eine möglichst stringente Reduzierung der Zahl der selbständigen Gemeinden plädieren u.a. Vertreter der westlichen Ministerialbürokratien, des Deutschen Städtetages (sein Interesse gilt naturgemäß nicht den kleinen Gemeinden!) und bisweilen auch führende Beamte aus westlichen Kommunalverwaltungen, die jetzt im Osten Deutschlands Starthilfe leisten.

Bei oberflächlicher Betrachtung scheint einiges für eine baldige kommunale Gebietsreform in den neuen Bundesländern zu sprechen. Die vielen kleinen Gemeindeverwaltungen im Osten sind derzeit mit ungeheuren Startproblemen konfrontiert und vielfach überfordert. Anstehende Aufgaben und Probleme sind u.a.: Aufbau der Verwaltung, neue ungewohnte Aufgaben der Kommunen z.B. in der Bauleitplanung und im Sozialwesen, fehlende Landesgesetze und -programme, geringe Rechts- und Fachkenntnisse in den Kommunen, Finanzprobleme, Unsicherheiten über Grund und Boden, Auflösung der im ländlichen Raum

beherrschenden LPG's, hohe Arbeitslosigkeit, Infrastrukturdefizite. Der Ruf nach starken <u>Verwaltungen</u> im ländlichen Raum, die diesem gewaltigen Aufgabendruck eher gewachsen wären, ist daher verständlich. Die neuen Bundesländer, die nach Fläche und Einwohnern nur einen Bruchteil der alten Bundesländer ausmachen, haben mit 7.565 selbständigen Gemeinden annähernd die Größenordnung der Gemeinden in der alten BRD (8.506). Bei einer rein numerisch-statistischen Wertung scheint somit ein kommunaler "Schrumpfungsbedarf" im Osten Deutschlands angezeigt (Tab. 1 und 2).

Von den Befürwortern einer kommunalen Gebietsreform wird gern auch damit argumentiert, daß man in der ehemaligen BRD eine solche Reform schon längst durchgeführt habe. Tatsächlich liegt damit ein gewaltiger Erfahrungsschatz vor, den wir nutzen sollten. Und hier zeigt sich, daß die voreiligen westlichen Empfehlungen auf sehr wackeligen Füßen stehen, daß nach heutigen wissenschaftlichen und politischen Erkenntnissen eine Kommunalreform mit rigiden Gemeindeauflösungen zugunsten von Großgemeinden nicht mehr empfohlen werden kann (vgl. u.a. Henkel 1986, Gunst 1990, Priebs 1990).

Die in den zehn Jahren von 1965 bis 1975 in der BRD durchgeführte Gemeindegebietsreform hat ca. zwei Drittel aller westdeutschen Gemeinden

Tab. 1: Anzahl der Gemeinden in der Bundesrepublik Deutschland 1966 und 1985, also vor und nach der kommunalen Gebietsreform

Bundesland	Selbständige Gemeinden 1966 gesamt	1985 gesamt	davon Verwaltungs-gemeinschaften	Einheitsgemeinden gesamt	davon kreisfrei
Baden-Württemberg	3380	1111	922 in 272 Verwaltungs-gemeinschaften	188	9
Bayern	7087	2051	1083 in 346 Verwaltungs-gemeinschaften	968	5
Hessen	2693	427	- -	426	5
Niedersachsen	4244	1031	744 in 142 Samtgemeinden	284	9
Nordrhein-Westfalen	2355	396	- -	396	23
Rheinland-Pfalz	2920	2303	2253 in 163 Verbands-gemeinden	50	12
Schleswig-Holstein	1381	1131	1026 in 119 Ämtern	105	4
Bund	24411	8506	6028 in 1042 Verwaltungs-gemeinschaften	2473	91

(Quelle: SCHMIDT-EICHSTAEDT, in: HENKEL 1986)

Tabelle 2: Größe und kommunale Struktur der neuen Bundesländer (Stand: Dezember 1989)

Bundesland	Fläche in qkm	in %	Bevölkerung in 1000	in %	Dichte (E/qkm)	Zahl der Gemein-den	Land-kreise	Kreis-freien Städte
Mecklenburg/Vorpommern	23.838	22,0	1.963,9	12,0	82	1.117	31	6
Brandenburg	29.059	26,8	2.631,2	16,1	91	1.775	38	6
Sachsen-Anhalt	20.445	18,9	2.965,0	18,0	145	1.350	37	4
Thüringen	16.251	15,0	2.683,9	16,3	165	1.699	35	5
Sachsen	18.337	16,9	4.900,7	29,8	267	1.623	48	6
Berlin	403	0,4	1.279,2	7,8	3.174	1	0	11
neue Länder insgesamt	108.333	100	16.433,8	100	152	7.565	189	38
alte Länder Stand (1988)	248.621		61.715,0		246	8506	237	91

(Quellen: Statistisches Amt der DDR, Statistisches Jahrbuch 1990 für die Bundesrepublik Deutschland)

aufgelöst und damit die politische Selbständigkeit der weitaus meisten Dörfer in der Bundesrepublik beseitigt. Die Zahl der Landkreise wurde von 425 auf 237 reduziert.

Die Gebietsreform wurde in den einzelnen Bundesländern in sehr unterschiedlicher Art und Stringenz durchgeführt (s. Tab. 1). Die Maßstabsvergrößerung schwankt zwischen einer Abnahme der Gemeinden um 86 Prozent im Saarland und 18 Prozent in Schleswig-Holstein, während Nordrhein-Westfalen (83 Prozent) und Bayern (70 Prozent) gehobene Mittelpositionen einnehmen.

Die Gebietsreform ist vorrangig nach Maßstäben der administrativen Leistungssteigerung sowie nach Steuerungskriterien der Raumordnung durchgeführt worden. Nicht beachtet wurden die elementaren Funktionen der Gemeinde als unmittelbares Lebensumfeld und Handlungsspielraum der Bürger, als Bezugsgröße räumlicher Identität und als Lernfeld demokratischen und solidarischen Handelns. Aus der Perspektive der Raumordnung ist die kommunale Landschaft übersichtlicher und durchsichtiger geworden; damit sind zugleich günstige strukturelle Voraussetzungen für das Wirksamwerden zentraler Steuerung, d.h. auch der Fremdsteuerung der Kommunen geschaffen worden (Schäfer 1982).

Auswirkungen der Gebietsreform / Argumente gegen Großgemeinden

Die meisten der Vorteile, die man sich von der kommunalen Gebietsreform versprochen hatte, erwiesen sich inzwischen als Illusion. Mehr noch: Die staatlich verordnete Maßstabsvergrößerung verursachte ein ganzes Bündel negativer Folgen, die in erster Linie die eingemeindeten Dörfer zu tragen haben. Als schwerwiegende Auswirkungen der Gebietsreform sind bis heute - mit einer Distanz von nunmehr ca. 20 Jahren - die folgenden Punkte erkennbar geworden. Sie sind zugleich die wichtigsten Argumente gegen eine radikale Reduzierung der Zahl der Gemeinden bzw. gegen Einheits- oder Großgemeinden:

- Besonders gravierend ist der Verlust an bürgerschaftlichdemokratischer Mitwirkung.

Die Auflösung von über 16.000 Gemeindeparlamenten führte zu einer drastischen Verringerung der Anzahl ehrenamtlich tätiger Kommunalpolitiker. Im ganzen wurden mit der Reform circa 250.000 Gemeindeparlamentssitze abgebaut. Das Verhältnis zwischen gewähltem Gemeindevertreter und Bürger hat sich schon rein numerisch gewaltig zuungunsten der Bürgerschaft verschoben. Die eingemeindeten Dörfer sind in den neuen Großgemeindeparlamenten nur schwach oder oft gar nicht vertreten. Die Auflösung des eigenen Parlaments hat in jedem Dorf eine existierende demokratische Basis beseitigt. In mittelgroßen Dörfern z.B., die früher 12 bis 18 Ratsmitglieder im eigenen Dorfparlament hatten, sind heute in der Regel 1 bis 4 Vertreter - für das Großgemeindeparlament - übriggeblieben. Damit fehlen zugleich die früheren Möglichkeiten der kommunalpolitischen Bewährung und Meinungsbildung für breite Bevölkerungsschichten. Die lokale Verantwortung war vor der Reform breit gestreut, sie lag in vielen sozialen Schichten, Berufen und Altersgruppen. Die meisten Familien waren direkt oder indirekt - durch Verwandtschaft oder Nachbarschaft - an den örtlichen Entscheidungsprozessen beteiligt. Die Jugend hat heute durch die Verringerung der dörflichen Ratssitze kaum noch einen realistischen Zugang in die Parlamente. Für die 20-, 30-, 40- und vielfach sogar 50jährigen ist praktisch kein Platz frei, so daß ganze Generationen übersprungen werden.

- Die geschwächte und oft ganz fehlende parlamentarische Vertretung der eingemeindeten Dörfer in den neuen Großgemeindeparlamenten hat dazu geführt, daß Kompetenz und Verantwortung zur Regelung der "Angelegenheiten der örtlichen Gemeinschaft" (Art. 28 Grundgesetz) verlorengehen.

Viele Entscheidungen und Aufgaben, die mit lokalem Sachverstand geleistet werden können, werden nun nach überlokalen Kriterien abgewickelt. Das seit dem frühen 19. Jahrhundert geltende Leitbild der Kommunalpolitik, das die "Kenntnis der Örtlichkeit als Seele der Kommunalpolitik" (Freiherr vom Stein) ausweist, hat jetzt ausgedient.

- Die heutigen (verbliebenen) Parlamentarier in den Großgemeinderäten sind vielfältigen Interessen- und Zeitkonflikten ausgesetzt.

Sie haben die unterschiedlichsten Gegebenheiten und Wünsche im eigenen Dorf, in den übrigen Dörfern, dem Zentralort sowie in der Gesamtgemeinde zu berücksichtigen und befinden sich oft in einer schwierigen Entscheidungssituation, die zu ständigem Taktieren (in der Regel zugunsten des "eigenen" Dorfes) zwingt. Da sich die kommunalpolitische Arbeit bzw. der Zeitaufwand für die wenigen Ratsmitglieder häuft (u.a. durch viele Bereisungen, um sich innerhalb der Flächengemeinde ortskundig zu machen), kommt es mehr und mehr zu einer beruflichen Auslese. So haben z.B. Bauern und Handwerker für die aufwendige Arbeit in den Großparlamenten einfach keine Zeit mehr, an ihrer Stelle drängen Beamte und Politikfunktionäre in die ländlichen Parlamente.

- Für den einzelnen Bürger entstanden durch die Vergrößerung der Gemeinden weitere Wege in allen kommunalpolitischen und Verwaltungsangelegenheiten.

Je größer die kommunale Einheit, desto größer ist die Distanz zu den politischen Institutionen: Gemeinderat, Bürgermeister, Verwaltung. Die Chance der Bürger, ihre Wünsche und Interessen kommunalpolitisch einzubringen, sich an Entscheidungsprozessen zu beteiligen, ist damit reduziert worden. Dies gilt ebenso für die Möglichkeiten, bestimmte kommunale Leistungen wahrnehmen zu können. Die vielzitierte "Bürgernähe" ist schon im ganz wörtlichen Sinne verlorengegangen. Wer zum Bürgermeister oder Rathaus will, muß längere Wege in Kauf nehmen. Damit steigt die Kontaktschwelle vor allem für die weniger mobilen Bevölkerungsgruppen wie etwa die Jugendlichen, Älteren und sozial Schwächeren. Zentralisierungen der übrigen Infrastruktur wie Schule, Kindergarten, Post und Polizei verstärken diese Wegenachteile. Das in der Gebietsreform und vielen anderen "Fachreformen" rigide durchgesetzte Zentrale-Orte-Prinzip, das über drei Jahrzehnte lang als das unbekümmert angewendete Allheilmittel der Raumordnungs- und Fachplanungspolitik galt, hat zur infrastrukturellen Ausdünnung der weitaus meisten deutschen Dörfer geführt und damit dem gesellschaftspolitischen Grundsatz der Wahrung gleichwertiger Lebensverhältnisse entgegengewirkt (Winkel, in: Information zur Raumentwicklung, H. 1, 1989, S. 2 ff.).

- Die Ortsnamen, die ein wesentliches lokales Identitätssymbol darstellen, wurden mit der Reform in vielfacher Weise zur Seite gedrängt.

Auf Ortsschildern und in Urkunden tauchen sie nicht mehr auf und postalisch sind sie durch Ziffern (!) ersetzt. Auch in der amtlichen Statistik sind die eingemeindeten Dörfer meist nicht mehr existent. Jahrhundertealte Orte wurden per Zwang zu "Ortsteilen" degradiert, was schon sprachlich die Diskriminierung anzeigt (Abb. 1).

Abb. 1: Degradierung des Dorfes durch zentralistische Technokraten zum "Ortsteil". In 16.000 westdeutschen Dörfern wurde die bestehende lokale Demokratie beseitigt.

(Quelle: Fernstudium Dorfentwicklung, Bd. 1: Grundlagen. Tübingen 1988. S. 235. Zeichnung Sepp Buchegger)

- Insgesamt hat die Gebietsreform die Möglichkeiten einer qualifizierten Mitgestaltung der Bürger an der dörflichen Politik entscheidend verschlechtert.

Diese Einbußen an Demokratie bzw. lokaler Autonomie werden heute von den betroffenen Bürgern und Politikern in weit überwiegendem Maße als substantieller und schmerzhafter Verlust gewertet (vgl. u.a. die Beiträge von R. Voigt und P. Weber, in: Henkel 1986). Als schwerwiegende Konsequenz ist eine wachsende kommunalpolitische Resignation zu beobachten. Die Rolle der Bürger hat sich auf bloße Beobachtung und Entgegennahme kommunaler Leistungsangebote reduziert. In der Bevölkerung steigt das Gefühl der Ohnmacht und Verdrossenheit gegenüber den zentralen politischen Strukturen. Die kommunale Gebietsreform erweist sich immer mehr als eine dezente Form des politischen Kannibalismus, wobei die "großen" Politiker die "kleinen" (ca. 250.000) aufgezehrt haben. Deshalb sind heute nicht die Proteste gefährlich, die immer noch gegen die Reform erhoben werden - im Gegenteil: sie beweisen demokratische Vitalität -, sondern die wachsende politische Apathie (Fr. Landwehrmann, in: Henkel und Tiggemann 1990). Der Ruf nach "Rückgemeindungen" wird hierzulande in der Bevölkerung immer lauter und konsequenter, wie zahlreiche Umfragen bestätigen; in Österreich sind Reformen der Gebietsreform bereits in großem Stil durchgeführt worden.

Zusammenfassend ergibt sich heute für die große Mehrheit der westdeutschen Dörfer das folgende Bild:

Sie sind zu politisch ohnmächtigen "Ortsteilen" abgesunken, wobei schon dieser Begriff die Diskriminierung kennzeichnet. Die individuelle und eigenverantwortliche Dorfentwicklung ist Geschichte. Politische Entscheidungen fallen vielfach ohne Kenntnis, Nutzung und Respektierung der lokalen und regionalen Besonderheiten und Potentiale. Die Konsequenz der nun fehlenden lokalen Selbstbestimmung ist der politisch resignierende Dorfbewohner. In der dörflichen Bürgerschaft herrschen kommunalpolitische Apathie bzw. Rückzug ins Private und Vereinsleben (Abb. 2). Nicht nur für den ländlichen Raum, für den Staat insgesamt hat die Gebietsreform einen gewaltigen Demokratieverlust ausgelöst. Die politischen und sozialen Folgekosten der Reform werden immer offenkundiger, wenngleich sie nicht überall leicht zu quantifizieren sind. Ein Blick in benachbarte Länder mit langen demokratischen Traditionen wie England, Frankreich und Schweiz (vgl. H.-R. Egli, in: Henkel 1986), wo lokale Autonomien und Bürgerbeteiligung einen hohen Stellenwert besitzen, zeigt an, welchen Sonderweg die Bundesrepublik Deutschland mit der kommunalen Gebietsreform beschritten hat.

Abb.2: Betroffenheit des Dorfes Gültstein (bei Tübingen) nach der Eingemeindung per Zwang durch die Kommunale Gebietsreform. Was bleibt dem über 1200 Jahre alten Ort? Ohnmacht und kommunalpolitische Apathie !? - Kann das Signal der Revolution von 1989 "Wir sind das Volk" eine flächenhafte Liqidierung der Kommunalen Selbstverwaltung in den neuen Ländern verhindern?

(Foto: D. Simons, Stuttgart)

Als das wichtigste Argument für eine Gemeindezusammenlegung in den neuen Bundesländern wird meist die "Schaffung leistungsfähiger Verwaltungseinheiten" genannt. Dieses Ziel kann jedoch auch auf anderen Wegen als über die Auflösung von bestehenden Gemeinden erreicht werden. Beispielhaft möchte ich hier auf die im Bundesland Schleswig-Holstein praktizierte Kommunalverfassung verweisen, die nach meiner Einschätzung gute Voraussetzungen bietet, die Vorteile kleiner überschaubarer Gemeinden mit den Vorteilen größerer Verwaltungseinheiten zu verbinden. Die entscheidende Grundlage dafür, daß in Schleswig-Holstein bei rund 2,6 Mio. Einwohnern immerhin noch 1.129 Gemeinden selbständig sind, ist die Einrichtung der "Ämter", welche die politischen Beschlüsse der amtsangehörigen Gemeinden verwaltungsmäßig umsetzen und eine zeitgemäße Erfüllung kommunaler Dienstleistungen gewährleisten (vgl. Priebs 1990). Den Ämtern verwandte übergemeindliche Kooperationen bieten die Samtgemeinden (in Niedersachsen) und Verbandsgemeinden (in Rheinland-Pfalz und Baden-Württemberg).

Fazit:
Wir brauchen in den neuen Bundesländern gerade auf dem Lande leistungsstarke Verwaltungen, aber keine Gemeindeauflösungen und künstliche Zwangsverordnungen von Großgemeinden.

Nach unserer Auffassung wäre es ein Unglück, wenn in den neuen Bundesländern bezüglich der kommunalen Gebietsreform möglicherweise alle gravierenden Fehler wiederholt würden, die inzwischen hierzulande sowohl von der Wissenschaft als auch von Politikern aus allen Parteien als solche erkannt worden sind. Ebenfalls wird darauf hingewiesen, daß auch durch die Bildung übergroßer Landkreise (z.B. in NRW) die Erreichbarkeit öffentlicher und privater Einrichtungen auf Kreisebene für viele Gruppen der Kreisbevölkerung an dezentralen Standorten erheblich schlechter geworden ist.

Gerade vor dem Hintergrund der tiefen gesellschaftlichen Umwälzungen, die sich derzeit in den neuen Ländern vollziehen, könnte die vorschnelle Auflösung der vertrauten Gemeinden fatale Folgen haben: Denn besonders die Gemeinde hat als emotionaler Bezugsraum und demokratischer Mitwirkungsraum eine nicht zu unterschätzende gesellschaftliche Bedeutung. Die Gebietsreform als Anordnung von oben gegen den Willen der Bürger und lokalen Politikern würde außerdem einen Prozeß darstellen, den die Bürger in der ehemaligen DDR eigentlich genügend als zentralstaatliche Bevormundung kennengelernt haben. Nach vielen öffentlichen Verlautbarungen von Politikern soll die demokratische Erneuerung des Landes ja gerade von unten nach oben erfolgen. Die Landesregierungen in den neuen Ländern sind gut beraten, einen so gravierenden Eingriff in die demokratische Struktur des Staates, den eine Gemeindegebietsreform darstellen würde, nicht einfach per Gesetz zu beschließen. Die oft zitierte Volksabstimmung, die man sich zur Belebung der politischen Kultur hierzulande immer häufiger wünscht, wäre hier ohne Zweifel angebracht.

Die ländlichen Gemeinden der neuen Länder brauchen ihre Autonomie aus politischen und wirtschaftlichen Gründen. Ohne die wiederhergestellten lokalen Entscheidungsspielräume wird sich die im Grundgesetz verankerte demokratische Basis des Staates nicht einstellen. Ohne die Möglichkeiten zu lokalpolitischem Engagement wird die Flucht der Bürger in unpolitisches und undemokratisches Denken und Handeln zunehmen und werden auch die Chancen für die Sicherung oder Schaffung einer angemessenen wirtschaftlichen und infrastrukturellen Basis auf dem Lande weiter verringert. Selbst eine eigenständige Kultur kann im ländlichen Raum nur dann Bestand haben, wenn diesem langfristig die Möglichkeiten zur Ausschöpfung seiner eigenen (politischen, wirtschaftlichen und sozialen) Potentiale gegeben bzw. nicht genommen werden.

Gibt es Anlaß zur Hoffnung, daß die untere Ebene der Demokratie in den neuen Ländern wiederbelebt werden kann, daß Kompetenz, Engagement und Verantwortung ländlicher Bürger und Politiker wieder mehr die kommunalen und lokalen Entscheidungsprozesse tragen werden? Hilfe von "oben" ist trotz der gegenwärtigen Empfehlungen einer "endogenen" Entwicklung ländlicher Regionen nur begrenzt zu erwarten. Der ländliche Raum hat - im Westen wie offenbar auch im Osten Deutschlands - keine echte Lobby in Politik und Wissenschaft. In den großen Bürokratien der Zentralen - der Politik und des Geistes - herrscht eine riesige räumliche und geistige Distanz zu den Eigenwerten und Betroffenheiten der Provinz, die offenbar kaum zu überwinden ist. Die Hoffnungen für den ländlichen Raum richten sich deshalb auf deren Bürger und lokalen Politiker selbst. Sie müssen sich stärker als bisher gegen die staatlich-zentralistischen Fremdsteuerungen zur Wehr setzen, auf ihre eigenen Rechte und Potentiale besinnen und die Gestaltung ihres Lebensraumes wieder selbstbewußter (weil auch kompetenter) und engagierter in die Hand nehmen. Der ländliche Raum braucht zukünftig mehr denn je die Zivilcourage seiner Bürger und Politiker, wenn er seinen Eigenwert und Charakter bewahren und entwickeln will.

Literatur:

GUNST, D. (1990): Gebietsreform, Bürgerwille und Demokratie. Entsprach die kommunale Gebietsreform tatsächlich und rechtlich dem Gemeinwohl? In: Archiv für Kommunalwissenschaften 29, Bd. 2. S. 189-209.

HENKEL, G. (Hrsg.) (1986): Kommunale Gebietsreform und Autonomie im ländlichen Raum. Essener Geographische Arbeiten, Bd. 15. Paderborn.

HENKEL, G. (1987): Das Dorf im Jahre 2000. - In: der landkreis, H. 8-9. S. 350-353.

HENKEL, G. (1989): Kommunalpolitische Voraussetzungen für eine endogene Wirtschaftsentwicklung auf dem Lande. - In: der landkreis, H. 2. S. 77-81.

HENKEL, G. (Hrsg.) (1990): Schadet die Wissenschaft dem Dorf? Essener Geographische Arbeiten, Bd. 22. Paderborn.

HENKEL, G. (1991): Brauchen die neuen Bundesländer eine kommunale Gebietsreform? In: der landkreis, H. 8-9. S. 501-503.

HENKEL, G.; TIGGEMANN, R. (Hrsg.) (1990): Kommunale Gebietsreform - Bilanzen und Bewertungen. Essener Geographische Arbeiten, Bd. 19. Paderborn.

HOLTMANN, E. und W. KILLISCH (1991): Lokale Identität und Gemeindegebietsreform. Der Streitfall Ermershausen. Erlanger Forschungen, Reihe A, Geisteswissenschaften, Bd. 58. Erlangen.

KUNST, Fr. (1985): Distanz und Siedlungsstruktur im dünn besiedelten Raum. Arbeitshefte des Instituts für Stadt- und Regionalplanung der TU Berlin, Bd. 33. Berlin.

PRIEBS, A. (1990): Kleingemeinden in Schleswig-Holstein - Anachronismus oder

Modell? In: Die Gemeinde 42, H. 1. Hrsg. Schleswig-Holsteinischer Gemeindetag. S. 9-12.

SCHÄFER, P. (1982): Zentralisation und Dezentralisation. Schriften zur Verwaltungswissenschaft, Bd. 11. Berlin.

SCHMIDT-EICHSTAEDT, G. (1992): Gemeindeverwaltungsreform und Kreisgebietsreform in den neuen Bundesländern. In: Archiv für Kommunalwissenschaften 31, Bd. 1. S. 1-22.

Der Arbeitskreis Dorfentwicklung ("Bleiwäscher Kreis") hat unter Federführung des Autors am 20.7.1990 einen offenen Brief an ca. 300 Entscheidungsträger, Parteien, Verbände und Gebietskörperschaften in der (ehemaligen) DDR zum Thema einer möglichen kommunalen Gebietsreform gerichtet. Dieser Brief berichtet über die einschlägigen negativen Ergebnisse und Erfahrungen in den alten Bundesländern durch Eingemeindungen, warnt vor dem übereilten Kopieren dieser Reformen der 60er und 70er Jahre in den neuen Ländern und empfiehlt das Schleswig-Holsteinische Ämtermodell zur Schaffung starker Verwaltungen auf dem Lande. Obwohl der Rundbrief nicht direkt an die Gemeinden, wohl aber an die Kreise in der ehemaligen DDR geschickt wurde, hatte er eine unerwartet große Resonanz.

Die breite Mehrheit der Reaktionen kam von Landräten und Bürgermeistern, die ihre Zustimmung und Dank, aber auch Unsicherheiten und Ängste gegenüber aktuellen und befürchteten Diktaten der Landesregierungen zum Ausdruck brachten. Fast ohne Ausnahme äußerten die Vertreter der Kreise und Gemeinden eine deutliche Ablehnung einer kommunalen Gebietsreform durch Gemeindeauflösungen und Schaffung von Großgemeinden. Viele Briefe enthielten regelrechte Hilferufe und Bitten um

direkte Beratungen. Es entwickelte sich eine lebhafte Korrespondenz, mehrfach kam es zu unmittelbaren Kontakten und Informationsveranstaltungen in den neuen Ländern. Unterzeichner des Rundbriefes waren die folgenden Damen und Herren:

Dr. E. Haindl, Institut für Kulturanthropologie der Universität Frankfurt

Prof. Dr. C.-H. Hauptmeyer, Historisches Seminar der Universität Hannover

Prof. Dr. G. Henkel, Geographisches Institut der Universität Essen (federführend)

Dr. A. Priebs, Geographisches Institut der Universität Kiel

Stadtoberamtsrat K. Schade, Gemeinde Gettorf/Kiel, jetzt Wünnenberg, Kreis Paderborn

Prof. D. Simons, Fachgebiet Ländliche Siedlungsplanung der Universität Stuttgart

Prof. Dr. G. Stiens, Geographisches Institut der Universität Trier

Der ländliche Raum in den Neuen Bundesländern
"Resolution von Wilhelmsthal 1992"

(8. Essener Dorfsymposium des Arbeitskreises Dorfentwicklung
- "Bleiwäscher Kreis" -
vom 25.-26.5.1992 in Wilhelmsthal/Thür.)

Seit 1979 beschäftigt sich der Bleiwäscher Kreis mit aktuellen Problemen ländlicher Räume in Mitteleuropa. Im Bleiwäscher Kreis kommen interdisziplinär Wissenschaftler, Planer und Politiker zu regelmäßigen, fachübergreifenden Tagungen zusammen. Das 8. Dorfsymposium beschäftigte sich am 25./26. Mai 1992 in Wilhelmsthal/Thüringen mit der Situation der ländlichen Räume in den neuen Bundesländern. Die Tagungsteilnehmerinnen und -teilnehmer faßten ihre zweitägigen Vorträge und Diskussionen in der folgenden knappen Resolution zusammen:

1. Potentiale

Der ländliche Raum der DDR besaß eine relativ vielfältige und dichte Infrastruktur, die aber heute nicht mehr als wirtschaftlich gilt. Von den Potentialen sind z.T. noch vorhanden:

- kommunale Selbstverwaltung der 7.565 politischen Gemeinden (darunter ca. 6.600 Landgemeinden mit weniger als 2000 Einwohnern),
- historisch wertvolle ältere Bausubstanz (z.T. allerdings in sehr schlechtem Zustand),
- ökologisch wertvolle Naturräume und vielfältige Kulturlandschaften,
- teilweise relativ dichte Basisinfrastruktur der Dörfer, z.B. Poststellen, öffentlicher Personennahverkehr, Kinderkrippen/-gärten,
- ausgeglichene Altersstruktur und dichte soziale Kontakte in den Dörfern.

2. Probleme

Diese Potentiale erfahren in den neuen Bundesländern z.T. schnelle Veränderungen. Die ländlichen Räume sind von Massenabwanderung, Überalterung, Verarmung und Verödung bedroht. Dem Postulat, daß kleinräumige, dezentrale, teilautonome Gemeinschaften die optimalen Möglichkeiten des Zusammenlebens der Menschen und des Umganges mit der Natur gewährleisten, steht die Tatsache entgegen, daß Wirtschaft und Verwaltung weltweit einem Konzentrationsprozeß unterliegen, in dem immer weniger Zentren dominieren. Die Bundesrepublik Deutschland gehört zum ökonomischen und politischen Zentrum der Welt, besitzt aber innere Peripherien, insbesondere sogenannte strukturschwache und ländlich geprägte Räume in den neuen Bundesländern. Probleme hier sind:

- Funktionsverluste in Gewerbe, Handel, Dienstleistungen und speziell Kultur,
- Existenzkrise der Landwirtschaft, Brachfallen von Landwirtschaftsflächen, Reduzierung der Viehbestände,
- rascher Abbau von Arbeitsplätzen,
- steigende Zahl von Abwanderern, Entleerung und partielle Wüstungserscheinungen in peripheren Gebieten,
- Dezentralisation einzelner zu groß dimensionierter Infrastruktur und industrialisierter Landwirtschaftseinrichtungen,
- schlechter Zustand von Bausubstanzen,
- Beeinträchtigung der Kulturlandschaft durch ungenehmigte oder überproportionierte Gewerbegebietsausweisungen,
- Zerfall von Solidaritätsformen nach dem Ende der vorherigen Produktionsformen und der Mangelwirtschaft,
- neue soziale Disparitäten in den Dörfern,
- Unsicherheiten in den Eigentumsverhältnissen.

3. Leitziele

Angesichts der skizzierten Probleme - und zusätzlicher Berücksichtigung der EG-Integration und der Novellierungen der EG-Agrarmarktordnung - stellen sich für die Entwicklung der ländlichen Räume in den neuen Bundesländer folgende Fragen:

- Wie kann der Wohnstandort Dorf erhalten werden?
- Wie kann der Wirtschaftsstandort Dorf gesichert oder erneuert werden?
- Wie kann der Sozialverband Dorf bewahrt und entwickelt werden?
- Wie kann eine ökologisch ausgewogene Kulturlandschaft erhalten oder neugeschaffen werden?

Auch für den ländlichen Raum der neuen Bundesländer gilt der Raumordnungsgrundsatz, gleichwertige Lebensbedingungen anzustreben. Hierzu ist es vorrangig nötig, den ökonomischen und politischen Zentralisierungsprozeß nicht mehr zu stärken, sondern eine dezentrale Verantwortung und Selbstverwaltung aufzubauen, um dem Substanzverlust der ländlichen Räume zu begegnen. Dezentralisation und regionale/lokale

Autonomie dürfen aber nicht theoretische Entwicklungsziele bleiben, sie sollten die tatsächlichen Leitlinien wissenschaftlichen Vordenkens, politischen Handelns und regionaler Planung werden. So wenig Regulierung, aber so viel Anreiz wie möglich, müßte dabei die Handlungsmaxime sein. Primär sind sozialverträgliche Lösungen der Probleme zu suchen. Der spannungsreiche Zusammenhang zwischen einer intensiven, stetig auf weniger Betriebe konzentrierten Landwirtschaft, der Versorgung der Bevölkerung und der Verseuchung der Umwelt bedarf einer neuen, dem Vernetzungsanspruch gemäßen Strategie. Leitziele müssen daher im einzelnen sein:

- Generelle Respektierung der ländlichen Siedlungslandschaft und Förderung wirtschaftlicher und ökologisch vertretbarer Aktivitäten zur Stabilisierung des ländlichen Raumes.
- Schwerpunktförderung peripherer ländlicher Räume, (die besonders unter Arbeitslosigkeit, Abwanderung und Entleerung leiden) durch die Raumordnungspolitik und damit Gleichbehandlung mit den (ohne Zweifel problemreichen) Ballungsregionen. Eine "Passivsanierung" ländlicher Regionen durch "natürliche Schrumpfung" darf nicht das politische Programm der nahen Zukunft sein.
- Anregung und Anreiz zur regionalen und lokalen Selbstbestimmung und zur ehrenamtlichen Selbsthilfe.

4. Handlungsbedarf

Die Sicherung einer ausreichend hohen Einwohnerzahl im ländlichen Raum ist Basis seiner Zukunft. Das "Wir-Gefühl" im ländlichen Raum zu stärken und ihn für die Jugend attraktiv zu machen, bleibt unabdingbar. Als konkrete Empfehlungs-, Gesetzes- und Förderprogramme bieten sich an:

- regional orientierte, lokal präsente "aktivierende" Wirtschaftsförderung, um vorhandene Arbeits- und Erwerbsmöglichkeiten zu erhalten und neue zu schaffen, mit Augenmaß: nicht jedes Dorf benötigt ein riesiges Gewerbegebiet, aber jedes Dorf darf auch Wirtschaftsstandort sein,
- langfristige Stabilisierung der mehrgliedrigen Agrarstruktur (Genossenschaften, Gruppenlandwirtschaft, Einzelbetriebe),
- Vorrang von Erhalt und Umnutzung gegenüber Flächensanierung in der Dorferneuerung, Revitalisierung der Ortskerne,
- Kooperationen von Stadt und Land zugunsten der Regionalentwicklung und von ressortübergreifenden regionalen Strukturprogrammen,
- Stärkung der kommunalen Kompetenz im Sinne des Subsidiaritätsprinzips, Aufbau starker Kommunalverwaltungen in "Ämtern" oder "Verwaltungsgemeinschaften",
- Förderung des Ehrenamtes, des Vereins- und Verbandswesens sowie der regionalen Initiativen,
- Motivation der Landbewohner zur Kreativität und konkreten Utopie.

Dr. Thomas Ade, Stuttgart
Pfarrer Christfried Boelter, Friedrichroda
Hans Braun, Kamenz

Ass.-Prof. Dr. Franz Brunner, Graz/Österreich

Rainer Danielzyk, Oldenburg

Ansgar Drücker, Münster

Günter Eichenlaub, Magdeburg

Dr. Ellner, Potsdam

Prof. Dr. Siegfried Feldmann, Bernburg

Dr. sc. Georgi, Schlieben

Dr.-Ing. Peter Gerlach, Ober-Ramstadt

Doz. Dr. Frankdieter Grimm, Leipzig

Prof. Dr. Carl-Hans Hauptmeyer, Hannover

Dr. Wilfried Henke, Bonn-Bad Godesberg

Prof. Dr. Gerhard Henkel, Essen

Gerhard Hirn, Altenkirchen

Hans-Martin Klütz, Potsdam

Bürgermeister M. Köhler, Eckhardtshausen/bei Eisenach

Prof. Dr. Gerlinde Krause, Erfurt

Ortsvorsteher Hansgerd Kronenberg, Winnekendonk

Birgit Lamprecht, Geraberg

Ministerialrat Ernst-Christian Läpple, Bonn

Dr. Wilfried Menke, Magdeburg

Robert Oelsmeier, Lippstadt

Dr. Axel Priebs, Bremen

Drd. Michael Schmidt, Braunschweig

Dr. Karl Heinz Schneider, Hannover

Sieglinde Sendzik, Berlin

Prof. Detlev Simons, Stuttgart

Ministerialrat Dr. Friedhelm Stork, Potsdam

Dr. phil. habil. Siegfried Thieme, Potsdam

Michael Walther, Magdeburg

Doz. Dr.-Ing. Hartmut Wenzel, Weimar

Drd. Jan Peter Wiborg, Hagenburg

Doz. Dr. Hans Friedrich Wollkopf, Halle

Susanne Zager, Potsdam

Essen, den 1.9.92

Gerhard Henkel

ANHANG

ÜBERSICHT ÜBER DIE BISHERIGEN DORFSYMPOSIEN DES BLEIWÄSCHER KREISES
(1977-1992)

Der Bleiwäscher "Arbeitskreis Dorfentwicklung" besteht seit nunmehr 15 Jahren. Er verfolgt das Ziel, anstehende Fragen und Probleme des ländlichen Raumes aufzugreifen und im Diskurs von Wissenschaft und Praxis, von Experten und Dorfbewohnern zu behandeln und gegebenenfalls wissenschaftliche und politische Anregungen abzuleiten. Zu den wesentlichen Tätigkeiten dieses interdisziplinären, nicht institutionalisierten Arbeitskreises gehört es, alle zwei Jahre einschlägige Dorfsymposien durchzuführen. Der innere Kern des sehr locker organisierten Arbeitskreises Dorfentwicklung wird gebildet von Kolleginnen und Kollegen der Fachrichtungen Architektur (u.a. Simons, Stuttgart), Geographie (Henkel, Essen; Priebs, Kiel), Geschichte (Hauptmeyer, Hannover), Soziologie (Haindl, Frankfurt). Dazu kommen Planer, Fachexperten und Beamte aus Bundes- und Länderministerien, Kreisen und Kommunen sowie einschlägigen Akademien, Forschungsinstituten, Verbänden und Arbeitsgemeinschaften (z.B. ASG, GEWOS, ECOUAST, Landkreistag).

Die Dorfsymposien in Bleiwäsche bzw. Wilhelmsthal haben stets ein interdisziplinäres und z.T. internationales Referenten- und Teilnehmerfeld an Wissenschaftlern und Praktikern. Durch die Beschränkung auf wenige einführende Vorträge und eine überschaubare Teilnehmerzahl ergeben sich jeweils sehr intensive Arbeitssitzungen mit großen Freiräumen zum Nachdenken und Diskutieren. Außerdem stellt man sich bewußt der Aufgabe, die Tagungsergebnisse in knapper Form zusammenzufassen. Die so entstandenen "Bleiwäscher Resolutionen" wurden in den verschiedenartigsten Fachorganen sowie in Presse und Rundfunk publiziert und damit zu einem bekannten Markenzeichen der bisherigen Arbeit. Insgesamt haben sich die interdisziplinären Dorfsymposien des Arbeitskreises Dorfentwicklung bis heute zu einem anerkannten Forum wissenschaftlicher und gesellschaftspolitischer Bemühungen um den ländlichen Raum entwickelt.

Der Arbeitskreis Dorfentwicklung entstand 1977 im Rahmen des Arbeitskreises für genetische

Siedlungsforschung in Mitteleuropa, der sich vor allem aus Geographen, Historikern und Archäologen zusammensetzt. Er sah seine Aufgabe zunächst besonders darin, die Kenntnisse und Methoden der genetischen Siedlungsforschung für die gegenwärtige und zukünftige Dorfentwicklung - in Dorfforschung und Dorfpolitik - nutzbar zu machen. Der rasche Struktur- und Funktionswandel, der in den zurückliegenden Jahrzehnten die Dörfer grundlegend veränderte, hatte zu einem erheblichen Verlust der überkommenen historisch-geographischen Substanzen geführt. Die allmählich einsetzenden ordnenden Maßnahmen der Dorfsanierung, Modernisierung, Dorferneuerung u.ä. blieben zunächst vor allem den aufführenden Institutionen wie Flurbereinigung oder Landesentwicklungsgesellschaften vorbehalten, ohne daß sich diejenigen Wissenschaften, die traditionell über ländliche Siedlungen arbeiteten, mit diesen aktuellen Fragestellungen auseinandersetzten. Auf diese Lücke seitens der Wissenschaft wollte der Arbeitskreis zunächst aufmerksam machen bzw. zum Abbau des Defizits beitragen. Die damals gestellte Aufgabe, die Dorfentwicklung mit den Möglichkeiten der genetischen Siedlungsforschung zu fundieren, ist heute zwar nicht erfüllt, aber doch als solche aufgezeigt und weitgehend akzeptiert. Die inzwischen allgemeingültigen politischen Programme der "erhaltenden Dorferneuerung" sind nicht zuletzt auf die ersten Bleiwäscher Arbeiten und Aktivitäten zurückzuführen. Der Arbeitskreis Dorfentwicklung hat seinen ursprünglichen Ansatz bis heute nicht vernachlässigt, er hat sich jedoch durch seine zunehmend ganzheitlichen Fragestellungen zu einem weiter gespannten interdisziplinären Dorfforum entwickelt.

Die bisherigen inhaltlichen Schwerpunkte des Arbeitskreises Dorfentwicklung lassen sich an den Programmen und publizierten Ergebnissen der Bleiwäscher Dorfsymposien ablesen:

BLEIWÄSCHE 1, vom 28. - 30. März 1979

Thema: **DIE ERHALTENDE DORFERNEUERUNG ALS OBJEKT DER GENETISCHEN SIEDLUNGSFORSCHUNG**

Im wesentlichen ging es darum, die Wissenschaft für die im politischen Raum neu gestellte Aufgabe Dorferneuerung zu interessieren. Darüber hinaus wurden die inhaltlichen und methodischen Möglichkeiten der genetischen Siedlungsforschung für die gegenwärtige und zukünftige Siedlungsentwicklung aufgezeigt. Außerdem wurden die Kriterien der erhaltenden Erneuerung, die eine angemessene Bewahrung der überlieferten Dorfmerkmale bzw. Dorfidentität bei Erneuerungsmaßnahmen beeinhaltet, aufgearbeitet. Der genetischen Siedlungsforschung wurden die folgenden Aufgaben gestellt: Wissenschaftliche Analyse, Klassifizierung und Darstellung der historisch-geographischen Substanzen in der heutigen Kulturlandschaft; Erläuterungen der heutigen Funktionen vor dem Hintergrund der früheren Bedeutungen und des funktionalen Wandels; Erforschung der Beziehungen der Dorfbewohner zur historisch entstandenen Umwelt; Transparentmachen der wissenschaftlichen Ergebnisse für Dorfbewohner, Politiker und Planer, um deren kritisches historisches Bewußtsein - als Grundlage zur Durchführung einer erhaltenden Dorferneuerung - zu stärken.

Publikation: Berichte zur deutschen Landeskunde, Bd. 53, H. 1, 1979, S. 49 ff.

BLEIWÄSCHE 2, vom 19. - 21. März 1980

Thema: **DIE ERHALTENDE DORFERNEUERUNG ZWISCHEN WISSENSCHAFT, PRAXIS UND DENKMALPFLEGE**

Diese Tagung galt vor allem dem intensiven Erfahrungsaustausch zwischen Wissenschaft, Verwaltung und Planung über die Ziele und Maßnahmen der Dorferneuerung. In Erweiterung des 1. Bleiwäscher Dorfforums wurde das Konzept einer ganzheitlichen Dorfentwicklung erarbeitet, die nicht nur das äußere Bild, sondern auch das innere Funktionieren eines Dorfes, die Arbeits- und Lebensverhältnisse der Dorfbewohner berücksichtigt. Für Förderungsmaßnahmen im Dorf wurden daher u.a. folgende neue Schwerpunkte gefordert: Erhaltung bzw. Wiedergewinnung der wirtschaftlichen und infrastrukturellen Funktionsvielfalt im Dorf, z.B. Geschäft, Gasthof, Schule, Kindergarten, Post; Erhaltung bzw. Erneuerung räumlicher Kommunikationsbereiche im Dorf wie Straßen, Plätze und Höfe, die als traditionelle Arbeits-, Spiel- und Feierabendräume dienen. Als besonders notwendig erschien es, die zunehmende soziale und demographische Aushöhlung der alten Dorfkerne zu stoppen und vor allem junge Familien für das Leben in den Dorfmitten zu gewinnen. Es wurde festgestellt, daß vielfach ein zu enges Ressortdenken in Wissenschaft und

Politik die ganzheitliche Betrachtung und Behandlung des Dorfes verhindert.

Publikation: Berichte zur deutschen Landeskunde, Bd. 54, H. 1, 1980, S. 39 ff.

BLEIWÄSCHE 3, vom 17. - 19. März 1982

Thema: **DORFBEWOHNER UND DORFENTWICKLUNG**

Im Mittelpunkt stand das Bemühen von Wissenschaft, Verwaltung und Politik, dem Dorfbewohner näher zu kommen. Diese Zielsetzung resultierte aus der allgemeinen Erkenntnis, daß in der Vergangenheit bei den meisten Dorfplanungen und auch Dorfforschungen die Vorstellungen der Dorfbewohner ignoriert bzw. zu wenig nachgefragt worden sind. Die bisher geübten Formen der "Bürgerbeteiligung" wurden von Forschern, Planern und Dorfbewohnern als unzureichend beurteilt. Ein grundlegendes Problem liegt darin, daß die wissenschaftlichen Zugänge zum Dorf äußerst schwierig sind. Über die hierzu geeigneten Methoden besteht in der Dorfforschung weder Zufriedenheit noch Konsens. In dem Bemühen, die Vorstellungen der Dorfbewohner besser zu erfahren und stärker zur Geltung zu bringen, sind von Forschern und Planern folgende Grundsätze zu beachten: Dorfforschung und -planung erkennen und akzeptieren die Notwendigkeit einer wirklich lokalspezifischen Dorfentwicklung. Forschung und Planung sind von Beginn an kommunikativ, d.h. als ein beidseitiger Lehr-Lern-Vorgang angelegt. In der Vergangenheit war es vielfach so, daß "Experten" Analysen und Konzepte erarbeitet haben, die erst nach Fertigstellung den Dorfbewohnern vorgestellt und erläutert wurden. Statt dessen sollten die Dorfbewohner bei Planungen von Anfang an zum Mitdenken, Mitsprechen und Mitverantworten angehalten werden, um die ständigen Gefahren der Fremdbestimmung zu mindern.

Publikation (einschl. der Bleiwäscher "Resolution" 1, 2 und 3) Henkel, G. (Hg): Dorfbewohner und Dorfentwicklung. Essener Geographische Arbeiten, 2, F. Schöningh, Paderborn 1982

BLEIWÄSCHE 4, vom 21. - 22. Mai 1984

Thema: **LEITBILDER DES DORFES. NEUE PERSPEKTIVEN FÜR DEN LÄNDLICHEN RAUM**

Die gegenwärtigen Leitbilder ("gedachte Ordnungen" oder "geistige Formprinzipien") zeigen den wahrscheinlichen Weg in die Zukunft. Die Frage nach der Zukunft des Dorfes bzw. ländlichen Raumes ist damit zugleich eine Frage nach den gegenwärtig dominierenden politischen, wirtschaftlichen, kulturellen und wissenschaftlichen Leitbildern. Das Thema Leitbilder des Dorfes wurde zunächst - über den "Umweg" der Spezialdisziplinen - aus der Sicht sieben verschiedener Fächer behandelt: Agrarwissenschaft, Architektur/Siedlungsplanung, Geographie, Geschichte, Kommunal-/Verwaltungs-/Politikwissenschaft, Soziologie, Wirtschaftswissenschaft. In einer Zusammenschau ließen sich einige übergreifende Leitbilder bzw. Entwicklungslinien herausfiltern: Die Entwicklung zum politischen, administrativen, wirtschaftlichen und kulturellen Zentralismus verläuft in unserer Gesellschaft zumindest mittelfristig ungebremst. Die zurückliegenden Reformen, z.B. im kommunalen, schulischen, postalischen, agrarischen Bereich, haben fast systematisch die Entmündigung des Landes begünstigt. Durch ständige Autonomie- und Autarkieverluste sind die vielfältigen Möglichkeiten des Selbsthandelns und Selbstverantwortens im ländlichen Raum auf ein Minimum reduziert. Die Frage, ob sich der ländliche Raum in absehbarer Zeit aus der Fremdsteuerung durch die Verdichtungsgebiete und höherrangigen zentralen Orte befreien kann, wurde sehr zurückhaltend beurteilt. Übereinstimmung bestand darin, daß die zukünftigen Leitbilder des ländlichen Raumes positiv durch mehr Selbstverantwortung und Selbstbestimmung geprägt sein müssen. Hilfe "von oben" im Sinne einer umfassenden funktionalen Dezentralisierung ist jedoch nur begrenzt zu erwarten. Es bleibt daher die Hoffnung auf die eigene Regenerationskraft des ländlichen Raumes.

Publikation: Henkel, G. (Hg.): Leitbilder des Dorfes. Neue Perspektiven für den ländlichen Raum. Verlag Dr. Tesdorpf, Berlin, Vilseck 1984

BLEIWÄSCHE 5, vom 12. - 13. Mai 1986

Thema: **KOMMUNALE GEBIETSREFORM UND AUTONOMIE IM LÄNDLICHEN RAUM**

Das Thema "Kommunale Gebietsreform" hat wie kaum eine andere Reform in der Geschichte der Bundesrepublik Deutschland die innenpolitische Diskussion beschäftigt. In den überregionalen

Schlagzeilen waren seinerzeit zwar die Eingemeindungen von Städten wie Wattenscheid oder Gießen und Wetzlar, die Masse der Eingemeindungen vollzog sich jedoch im ländlichen Raum, und die Veränderungen waren hier nicht minder einschneidend. Etwa 16.000 Dörfer der Bundesrepublik verloren in den 60er und 70er Jahren ihre politische Selbständigkeit. Ungefähr 250.000 kommunale Parlamentssitze wurden im ländlichen Raum beseitigt. - Mit der Distanz von 10 - 15 Jahren erfogte in Bleiwäsche eine kritische Auseinandersetzung mit der kommunalen Gebietsreform und ihren verschiedenartigen Auswirkungen. Es wurde gefragt nach den "vorbereitenden" Beweggründen und Argumenten in den 60er und frühen 70er Jahren sowie nach den tatsächlichen positiven und negativen Ergebnissen und Konsequenzen der Reform. Es wurden empirische Erhebungen vorgetragen, die belegen, daß die Eingemeindungen von den betroffenen Bürgern auch heute noch als substantieller und schmerzhafter Verlust empfunden werden. Es wurde von neugebildeten "Dorfräten" berichtet, die quasi im außerparlamentarischen Raum entstehen, um die Defizite an lokalpolitischer Meinungs- und Willensbildung abzubauen. Nach einer umfassenden Bestandsanalyse gelang es in Bleiwäsche, eine Reihe von Vorschlägen zur Minderung der schwerwiegenden Folgen der Gebietsreform und zur Stärkung lokaler Autonomien zu erarbeiten.

Publikation: Henkel, G. (Hg.): Kommunale Gebietsreform und Autonomie im ländlichen Raum. Essener Geographische Arbeiten, 15, F. Schöningh, Paderborn 1986

BLEIWÄSCHE 6, vom 16. - 17. Mai 1988

Thema: **KULTUR AUF DEM LANDE**

Die Existenz einer eigenständigen ländlichen Kultur wird bisweilen bestritten, die evtl. im ländlichen Raum anzutreffende Kultur wird nicht selten als "abgesunkene Stadtkultur" bezeichnet.

Die städtische Kultur gilt vielfach als Hochkultur und damit höherwertig als die Kultur des ländlichen Raumes. Dabei steht vor allem die institutionalisierte Kultur in Form von Opern-und Schauspielhäusern, Museen und Kunstgalerien im Zentrum der Betrachtung. Mit solchen Wertungen wird jedoch der Kulturbegriff verkürzt. Kultur wurde in Bleiwäsche definiert als die Gesamtheit von Wertorientierung, Verhaltensweisen und geistigen wie gestalterischen Leistungen ("Kulturschöpfungen"), die von den Menschen - als kulturfähigen Wesen - in der Auseinandersetzung mit der Mitwelt geschaffen und praktiziert werden. Bei einem solch ganzheitlichen Verständnis von Kultur, das auch das soziale Leben einschließt, gewinnt die Kultur auf dem Lande eine gleiche Wertigkeit wie die Stadtkultur. Ländliche Kultur ist persönlicher, dichter, konkreter und mehr durch Handeln, durch aktive Teilhabe der Bevölkerung geprägt ("Aktiv-Kultur"), ihr Charakteristikum bleibt - trotz der Wechselbeziehungen zur städtischen Kultur - die Überschaubarkeit und Lokaltypik. Nach einer ausführlichen

Beschreibung der (Veränderungen der) ländlichen Kultur in der Industrie- und Dienstleistungsgesellschaft wurden die aktuellen Möglichkeiten und zukünftigen Chancen für die ländlichen Kultur erörtert. Eine der wesentlichen gesellschaftlichen Aufgaben der ländlichen Kultur wurde darin gesehen, "Frieden mit der Natur" zu schaffen.

Publikation: HENKEL, G. (Hg.): Kultur auf dem Lande. Essener Geographische Arbeiten, 16. F. Schöningh, Paderborn 1988.

Bleiwäsche 7, vom 7. - 8. Mai 1990

Thema: **SCHADET DIE WISSENSCHAFT DEM DORF?**

Das sicherlich z.T. rhetorisch gemeinte Tagungsthema hat seine "Begründung und Schubkraft in der bisherigen politischen Behandlung des ländlichen Raumes, die zunehmend von einer urbanzentralistischen Fremdsteuerung geprägt wird. Der Staat trägt mit vielen externen Maßnahmen der Strukturpolitik (über Raumordnung und Fachpolitiken) dazu bei, ländliche Gebiete zu schwächen. Hieraus wurde die Kernfrage der Tagung abgeleitet: Leistet die Wissenschaft der zunehmenden politischen Fernsteuerung und Schwächung des ländlichen Raumes Vorschub? Schadet die Wissenschaft also dem Dorf? Kann die Wissenschaft in einer so eindeutig von den urbanen Zentralen bestimmten Gesellschaft überhaupt gegen die allgemeinen Trends steuern, gar zu einem Anwalt des Dorfes werden? Gibt es Ansätze für neue wissenschaftliche Zugänge zum Dorf, für eine dorfgerechte Raumordnungs- und Infrastrukturpolitik? Wie können die von Politik und Wissenschaft entmündigten Bürger und Politiker des ländlichen Raumes wieder in den Stand gebracht werden, an der Gestaltung ihrer Lebensräume durch eigenes Verantworten und Handeln mitzuwirken? Tatsächlich kündigt sich in jüngster Zeit ein wichtiger Paradigmenwechsel in der Wissenschaft an: die Abkehr vom herkömmlichen Zentrale-Orte-Konzept in der Raumordnung und bei den Fachplanungen.

Publikation: HENKEL, G. (Hg.): Schadet die Wissenschaft dem Dorf? Essener Geographische Arbeiten, 22. F. Schöningh, Paderborn 1990.

BLEIWÄSCHE 8 (in Wilhelmsthal/Thüringen), vom 25. - 26. Mai 1992

Thema: **DER LÄNDLICHE RAUM IN DEN NEUEN BUNDESLÄNDERN**

Publikation in diesem Band.

Für die zukünftige Arbeit gibt es kein festes Programm. Der Arbeitskreis Dorfentwicklung ist dementsprechend offen für jede Art von Mitarbeit und einschlägige Anregungen.

Sprecher des interdisziplinären Arbeitskreises (federführend): Prof. Dr. G. Henkel, Institut für Geographie der Universität Essen.

Essen, im Oktober 1992

ESSENER GEOGRAPHISCHE ARBEITEN

Band 1: Ergebnisse aktueller geographischer Forschungen an der Universität Essen. - *207 Seiten, 47 Abbildungen, 30 Tabellen. 1982. DM 24.-*

Band 2: Dorfbewohner und Dorfentwicklung. Vorträge und Ergebnisse der Tagung in Bleiwäsche vom 17. - 19. März 1982 (Hrsg. v. G. HENKEL). - *127 Seiten, 6 Abbildungen. 1982. DM 21.-*

Band 3: J.-F. VENZKE: Geoökologische Charakteristik der wüstenhaften Gebiete Islands. - *206 Seiten, 44 Abbildungen, 15 Tabellen, 1 Karte als Beilage. 1982. DM 34.80*

Band 4: J. BIEKER u. G. HENKEL: Erhaltung und Erneuerung auf dem Lande. Das Beispiel Hallenberg. - *255 Seiten, 53 Abbildungen, 46 Tabellen, 55 Schwarz-Weiß-Fotos, 2 Farbfotos. 1983. DM 49.80*

Band 5: W. TRAUTMANN: Der kolonialzeitliche Wandel der Kulturlandschaft in Tlaxcala. Ein Beitrag zur historischen Landeskunde Mexikos unter besonderer Berücksichtigung wirtschafts- und sozialgeographischer Aspekte. - *420 Seiten, 13 Figuren, 25 Fotos, 10 Karten, 7 Tabellen. 1983. DM 44.80*

Band 6: Beiträge zum 1. Essener Symposium zur Küstenforschung (Hrsg. v. D. KELLETAT). - *312 Seiten, 97 Abbildungen, 7 Tabellen. 1983. DM 46.90*

Band 7: D. KELLETAT: Internationale Bibliographie zur regionalen und allgemeinen Küstenmorphologie (ab 1960). - *218 Seiten, 1 Abbildung. 1983. DM 25.60*

Band 8: Ländliche Siedlungen einheimischer Völker Außereuropas - Genetische Schichtung und gegenwärtige Entwicklungsprozesse. Arbeitskreissitzung des 44. Deutschen Geographentages 1983 (Hrsg. v. G. HENKEL u. H.-J. NITZ). - *148 Seiten, 35 Abbildungen, 21 Fotos, 4 Karten, 5 Tabellen. 1984. DM 25.-*

Band 9: H.-W. WEHLING: Wohnstandorte und Wohnumfeldprobleme in der Kernzone des Ruhrgebietes. - *285 Seiten, 38 Abbildungen, 24 Tabellen, 10 Übersichten. 1984. DM 48.-*

Band 10: Beiträge zur Geomorphologie der Varanger-Halbinsel, Nord-Norwegen (Hrsg. v. D. KELLETAT). (KELLETAT: Studien zur spät- und postglazialen Küstenentwicklung der Varanger-Halbinsel, Nord-Norwegen; MEIER: Studien zur Verbreitung, Morphologie, Morphodynamik und Ökologie von Palsas auf der Varanger-Halbinsel, Nord-Norwegen). - *243 Seiten, 63 Abbildungen, 8 Figuren, 45 Tabellen. 1985. DM 49.90*

Band 11: D. KELLETAT: Internationale Bibliographie zur regionalen und allgemeinen Küstenmorphologie (ab 1960) - 1. Supplementband (1960 -1985). - *244 Seiten, 1 Abbildung. 1985. DM 24.80*

Band 12: H.-W. WEHLING: Das Nutzungsgefüge der Essener Innenstadt - Bestand und Veränderungen seit 1978. - *1986. DM 38.-*

Band 13: W. KREUER: Landschaftsbewertung und Erholungsverkehr im Reichswald bei Kleve. Eine Studie zur Praxis der Erholungsplanung. - *205 Seiten, 45 Abbildungen, 46 Tabellen. 1986. DM 35.-*

ESSENER GEOGRAPHISCHE ARBEITEN

Band 14: Beiträge zur Geographie Nord-Schottlands. (KELLETAT: Die Bedeutung biogener Formung im Felslitoral Nord-Schottlands; WEHLING: Leben am Rande Europas. Wirtschafts- und Sozialstrukturen in der Crofting-Gemeinde Durness). - *176 Seiten, 85 Abbildungen, 6 Tabellen. 1986. DM 39.80*

Band 15: G. HENKEL (Hrsg.): Kommunale Gebietsreform und Autonomie im ländlichen Raum. Vorträge und Ergebnisse der Tagung in Bleiwäsche vom 12. und 13. Mai 1986. - *160 Seiten. 1986. DM 22.-*

Band 16: G. HENKEL (Hrsg.): Kultur auf dem Lande. Vorträge und Ergebnisse des 6. Dorfsymposiums in Bleiwäsche vom 16. - 17. Mai 1988. - *231 Seiten, 22 Fotos, 2 Tabellen. 1988. DM 40.50*

Band 17: D. KELLETAT (Hrsg.): Neue Ergebnisse zur Küstenforschung. Vorträge der Jahrestagung Wilhelmshaven 18. und 19. Mai 1989. - *388 Seiten, 23 Fotos, 119 Abbildungen. 1989. DM 51.30*

Band 18: E. C. F. BIRD & D. KELLETAT (Eds.): Zonality of Coastal Geomorphology and Ecology. Proceedings of the Sylt Symposium, August 30 - September 3, 1989. - *295 Seiten, 88 Fotos, 52 Abbildungen, 7 Tabellen. 1989. DM 62.90*

Band 19: G. HENKEL & R. TIGGEMANN (Hrsg.): Kommunale Gebietsreform - Bilanzen und Bewertungen. Beiträge und Ergebnisse der Fachsitzung des 47. Deutschen Geographentages Saarbrücken 1989. - *124 Seiten, 9 Abbildungen, 5 Tabellen. 1990. DM 24.80*

Band 20: W. KREUER: Tagebuch der Heilig Land-Reise des Grafen Gaudenz von Kirchberg, Vogt von Matsch/Südtirol im Jahre 1470. - *349 Seiten, 3 beigelegte Karten, 7 Karten, 26 Abbildungen. 1990. DM 76.10*

Band 21: J.-F. VENZKE: Beiträge zur Geoökologie der borealen Landschaftszone. Geländeklimatologische und pedologische Studien in Nord-Schweden. - *254 Seiten, 27 Fotos, 81 Abbildungen, 12 Tabellen. 1990. DM 61.-*

Band 22: G. HENKEL (Hrsg.): Schadet die Wissenschaft dem Dorf? Vorträge und Ergebnisse des 7. Dorfsymposiums in Bleiwäsche 7. - 8. Mai 1990. - *150 Seiten. 1990. DM 27.-*

Band 23: D. KELLETAT & L. ZIMMERMANN: Verbreitung und Formtypen rezenter und subrezenter organischer Gesteinsbildungen an den Küsten Kretas. - *163 Seiten, 37 Fotos, 45 Abbildungen, 7 Tabellen. 1991. DM 57.50*

Band 24: G. HENKEL (Hrsg.): Der ländliche Raum in den neuen Bundesländern. Vorträge und Ergebnisse des 8. Essener Dorfsymposiums in Wilhelmsthal, Gemeinde Eckardtshausen in Thüringen (bei Eisenach) vom 25. - 26. Mai 1992. - *105 Seiten. 1992*

Zu beziehen durch:
Verlag Ferdinand Schöningh, Postfach 2540, D-33 055 Paderborn

ESSENER GEOGRAPHISCHE ARBEITEN

Sonderband 1: Festgabe aus Anlaß des 65. Geburtstages von Dieter Weis. - *1986. DM 13.50*

Sonderband 2: Essen im 19. und 20. Jahrhundert. Karten und Interpretationen zur Entwicklung einer Stadtlandschaft. Herausgegeben vom Vorstand der Geographischen Gesellschaft für das Ruhrgebiet, Essen. - *1990. DM 89.90*

ESSENER GEOGRAPHISCHE SCHRIFTEN (EGS)

Band 1: SCHULTE-DERNE, F. & H.-W. WEHLING: Atlas des Handwerks in Gelsenkirchen. - *128 S., mit 10 Abb.; 53 Tab., 22 Farbfotos, 54 Farbkarten. Essen 1993 (ISBN 3-9803484-0-7). DM 79,80*

Band 2: KREUER, W.: Imago Civitatis. Stadtbildsprache des Spätmittelalters. - *195 S., mit 71 Abb., 32 Faksimiles, Großformat im Schuber. Essen 1993 (ISBN 3-9803484-1-5). DM 390,-*

Zu beziehen durch:

Institut für Geographie, Universität - Gesamthochschule - Essen,
Fachbereich 9, Universitätsstraße 15, D-45 117 Essen

Grimm, F.-D.: Ländlicher Raum und ländliche Siedlungs- und Raumordnungspolitik der ehemaligen DDR. Essener Geographische Arbeiten, Band 24 S. 1-6 Paderborn 1992	Wenzel, H.: Die Gestalt der Dörfer und Möglichkeiten der erhaltenden Dorferneuerung dargestellt an Beispielen aus Thüringen Essener geographische Arbeiten, Bd. 24 S. 43-65 Paderborn 1992
Wollkopf, H.-F. und Wollkopf, M.: Funktionswandel der Landwirtschaftsbetriebe in der ostdeutschen Wirtschafts- und Siedlungsstruktur. Essener Geographische Arbeiten, Bd. 24 S. 7-19 Paderborn 1992	Stork, F.: Kommunale Selbstbestimmung und Verwaltung auf dem Lande. Essener Geographische Arbeiten, Bd. 24 S. 67-80 Paderborn 1992
Feldmann, S.: Zu einigen Aspekten der Entwicklung der Sozialstruktur ostdeutscher Dörfer. Essener Geographische Arbeiten, Bd. 24 S. 21-41 Paderborn 1992	Henkel, G. (Hrsg.) Der ländliche Raum in den neuen Bundesländern. Vorträge und Ergebnisse des 8. Essener Dorfsymposiums in Wilhelmsthal, Gemeinde Eckardtshausen in Thüringen bei Eisenach vom 25. bis 26. Mai 1992 Essener Geographische Arbeiten, Band 24 105 Seiten Paderborn 1992
Henkel, G.: Großgemeinden oder Ämter in den Neuen Bundesländern. Was dient der Ländlichen Entwicklung? Essener Geographische Arbeiten, Band 24 S. 81-90 Paderborn 1992	